品格教育 Primed 六大設計原則

「品格」
決定孩子未來

Marvin W Berkowitz
馬文・W・伯克維茲
——著——

PRIMED *for*
CHARACTER EDUCATION

SIX DESIGN
PRINCIPLES
FOR
SCHOOL
IMPROVEMENT

宏達文教基金會——審訂 陳柚均——譯

品格教育 PRIMED 模式

在《「品格」決定孩子未來：品格教育 PRIMED 六大設計原則》一書中，著名的品格教育家馬文・W・伯克維茲博士將數十年來從以教育現場為基礎的實例與發人深省的實地相關研究中，歸納出一套清晰易懂的原則，有助於學校領導者、教職員和所有關注教育的人依循，來協助學生成長茁壯。由作者所原創的六個重點要素，提供給所有學齡前孩童至 12 年級階段（PreK-12）的學校或學區一套全面性指南，以塑造有意義的學習環境、健康的互動關係、核心價值及美德、榜樣、賦能與長期性發展。此外，這本深入淺出且極具意義的書籍，主要特色在於宣揚內含實踐技巧、各間屢獲殊榮學校的趣聞軼事，以及道德教育、社會情緒學習及積極心理學等內容。

CONTENTS

前言 006

第一篇

描繪品格教育的樣貌 008

第一章　切中要點 010

第二章　描繪樣貌 031

第三章　提供令人信服的理由 054

第四章　PRIMED 的六大設計原則 066

第二篇

PRIMED 的六大設計原則之一：
品格教育為優先（Prioritization） 076

第五章　優先考慮品格教育的意涵 078

第六章　讓品格教育成為優先：修辭優先 088

第七章　優先考慮品格教育的資源分配 108

第八章　學校／班級風氣和優先事項 113

第九章　結構優先 131

第十章　領導品格學校 143

第三篇

PRIMED 的六大設計原則之二：
人際關係打基礎（Relationships） 178

第十一章 為什麼關係很重要？ 180
第十二章 學校裡的關係 187
第十三章 與外部關係人的關係 217

第四篇

PRIMED 的六大設計原則之三：
內在動機是目的
（Intrinsic Motivation/Internalization） 246

第十四章 內在動機的內容和原因 248
第十五章 外在動機的危險 254
第十六章 由外而內：為內在動機設計學校 267

第五篇

PRIMED 的六大設計原則之四：
榜樣示範來增強（Modeling） 278

第十七章 成為好人 280
第十八章 示範教學法 285

第六篇

PRIMED 的六大設計原則之五：
賦能學生與成人（Empowerment） 300

第十九章　賦能的意義以及對品格教育至關重要的原因　304
第二十章　賦能實施策略　312

第七篇

PRIMED 的六大設計原則之六：
長遠發展教學法（Developmental Pedagogy） 330

第二十一章　發展的視角：思考長遠目標　332
第二十二章　發展式教學法：為長遠發展而教育　340

第八篇

最終的小叮嚀 364

第二十三章　品格教育的 PRIMED 原則　366

前言

　　我很幸運，能在一群傑出非凡的老師們身邊長大。我母親的大學死黨是由五位偉大的女性和典範教師所組成。其中的艾絲特・艾布拉姆森（Esther Abramson），他的職業生涯大部分時間處於離婚狀態，但仍全然投入自己的使命——在紐約市一所 STEM* 重點學校「史岱文森高中」（Stuyvesant High School）擔任高中數學老師。在我心目中，他是一位古怪可愛又有魅力的「阿姨」，後來我逐漸理解他身為一名教育工作者的熱情和卓越。我記得，我父親打趣地指出他明明有資格領取全額退休金，卻還要繼續教書——這表示，他教書所賺的薪水遠比退休金還要少。後來，當他被診斷出癌症時，我去他的公寓探望，我注意到一個來自麻省理工學院的匾額。麻省理工學院請學生票選他們最喜愛的老師，他的名字出現得最為頻繁，為表敬意，麻省理工學院以他的名字命名一項獎學金。接著，我看到來自康乃爾大學的一份帶框獎狀。顯然地，在康乃爾大學也發生類似的情形。他有兩個大型文件櫃，裡面裝滿了他過去學生的來信。當艾絲特因癌症

過世時，我無法及時趕到紐約參加葬禮，但能夠在網上即時觀看現場。我親眼見證許多他多年前甚至幾十年前的學生，現身分享艾絲特如何影響他們的人生。艾絲特所做的，不僅僅是教導數學這門學科。借用加拿大作家和教育家亞維絲‧格拉澤（Avis Glaze）的話來說，他改變人們的生命——讓這些人的人生變得更好。他成功做到這點，藉由關切學生們的品格，也就是關心他們將成為什麼樣的人。因為他優先考慮學生們的人生旅程，與他們建立真實和長久的關係，他也著重學生發展的教育方式，能長遠地支持學生並給予挑戰。他所做的這一切，都是為了培育每位學生的潛能及人類良善的發展。我將本書獻給艾絲特，以及後面書頁中我所提及的其他優異的教育者，我從他們身上學到了許多。

---

* 分別代表科學（Science）、科技（Technology）、工程（Engineering）以及數學（Mathematic）四個專業領域的新興教育議題。

第一篇

描繪品格教育
的樣貌

第一章

切中要點

　　每本書都有一個論題目的。事實上，這本書的存在目的不只一個，它會提及孩子、學校、家庭、人類的良善、生命課題、成人文化等等，甚至還包含許多人生箴言、幽默和笑話、魔法和仙塵、熱情和謙遜，以及對於教學法的信念。這一本書將會涵蓋許多層面。

　　但其中最關鍵、最統一的目的，是闡明我們如何藉由理解、承擔並採取行動，以最有效的方式培育人類良善的興旺，特別是為了兒童，來建立一個更美好的世界。

　　要做到這一點，我們不得不探索所謂人類良善的定義、為什麼培育其發展極為重要，以及對於本書來說，最為關鍵的是我們如何以最佳的方式做到這一點。我們將專注於品格和品格教育的「認知」（knowing）、「情意」（being）、以及「行為」（doing），就如同常被描繪為品格之頭、心和手的概念。我們也將闡明何謂品格及其發展與教育（頭的部分）；會強調如何彼此相處（心的部分），尤其是對學生，

以能最佳地培育品格的興旺；也會強調身為品格教育者，我們所必須實踐的事（手的部分）。

為了做到這件事，本書首先要檢視的就是我們所指的品格、人類良善及其發展和興旺的定義。在深入探討如何具體實踐之前，有必要對本書的中心概念先達成某種程度的共同理解。

接著，本書將聚焦於六個關鍵理念。這些理念是關乎如何培育人類良善發展的設計原則，同時對於學科學習和其他成長層面也有幫助。我使用 PRIMED 這個首字母縮寫詞作為輔助記憶的工具，而我也將其限縮為六個關鍵理念，便於管理及記憶。

令我驚訝的是，這六個原則已經成為我與教育工作者大部分工作的核心。他們覺得這是很有幫助和有意義的模式，而我發現 PRIMED 有益於他們理解什麼是最根本的關鍵方法，不僅適用於品格教育，也適用於教育本身。此外，我發現，當教育工作者和家長在孩子身上培育良善的發展（就此而言，也適用於一般人），這些原則之間具有增效作用。令人高興的是，研究證實，在家庭中有效的方法，在學校同樣能發揮效用，反之亦然。PRIMED 六項原則是基於實證，原則如下所示：在學校優先考慮（Prioritizing）品格發展；刻意地在所有關係人之間建立健康的關係（Relationships）；

使用內在動機（Intrinsic motivators）來讓學生內化學校的核心價值；示範（Modeling）你想要學生發展的該項品格；賦能（Empowering）所有關係人成為歷程的共同所有者和共同作者；並針對學校品格教育的目標和方法，採取長遠的發展性觀點（Developmental perspective）。

當我們逐一介紹 PRIMED 六項品格設計原則時，也將深入探討為什麼每項原則都很重要，更重要的是，每項原則在教育實務上的樣貌。以深刻理解作為基礎的有效實踐是本書的核心，而我的目的是提供許多有效實踐的具體案例，這些案例通常來自那些已完成相關經歷的典範實踐者。藉由這些六大設計原則的例子，我希望能讓教育工作者得到激勵和勝任能力，來開啟這趟令人敬畏的旅程——或許，你早就在這趟旅程的路上了，就持續邁進吧！——無論是個人的、專業的，或是教學的轉變。

⤳ 存在還是不存在

這句話來自莎士比亞的作品，關於該活著還是死去，但六項品格設計原則要談的則是如何活著、如何存在。

儘管這本書是關於良好的教育實踐，但它不僅僅是一本教育手冊，也同時是一套個人轉變的指導方針。許多年前，我意識到一件事，在學校（或是家庭，甚至任何地方）有力

地支持人類良善的興旺，首先要面對的是人的「存在」問題，然後才是行為問題。美國教育家帕克‧巴爾默（Parker J. Palmer）曾強調，我們的行為源於自己的內在核心，換句話說，就是我們的品格。那個品格，那個「存在」，不僅指引我們的實踐，而且是實踐的一部分。我們的行為源自於我們是誰，即自我的存在。我們是什麼樣的人，會直接影響周遭的人。

在我以品格原則為中心的工作中，無論是面對學校、家長和社區，我發現自己越來越頻繁地表達「品格教育是一種『存在』的方式；品格教育是關於我們是什麼樣的人。」我的朋友兼同事查爾斯‧艾爾博特（Charles Elbot）是《建立有意識的學校文化》（*Building an Intentional School Culture*，中文書名暫譯）一書的合著者，也是一位典範教育家和教育領導者，他聽見我這麼說，察覺到這點也非常符合佛教的觀點（查爾斯是一位佛教徒）。他還向我推薦了帕克‧巴爾默關於「存在」的一系列精采名言，這些名言值得在此與你分享。當巴爾默接受金融專家蘿菈‧黎頓郝斯（L. J. Rittenhouse）採訪時，他表示：「領導是如何成為的問題，而不是如何做的問題。」「最好的教育召喚我們進行內在的旅程，不僅讓我們過更好的人生，並且對周遭的世界產生更大的、賦予生命的影響。」他還說：「我們都知道，能

改變教育的不是另一種理論、另一本書或另一種公式，而是願意在這世界尋求轉變的存在方式之教育者。」因此，「多這本書」只有在幫助教育者轉變他們的存在方式（way of being），才算成功。這種嶄新的存在方式，加上更深切的瞭解，促成了一種新的行為方式（way of doing）。很多時候，人們想直接跳到新的行為方式。他們想藉由尋求品格教育的方法、課程、教學計畫及方案來做到這一點。本質上，他們跳過作為一位教育者的關鍵任務——改變自己，也就是說，改造自己的存在方式，使其成為有效行為的基礎。

存在（being）與行為（doing）之間有著密切的關聯性。亞里斯多德（Aristotle）認為，在人生初期改變種種習慣（行為），能為後續發展的美德（存在）奠定基礎。

針對存在與行為的關聯性，孔子有一些不同但明顯相關的想法。麥可・普特（Michael Puett）和克莉絲汀・葛羅斯 - 駱（Christine Gross-Loh）在他們的著作《人生之書》（*The Path*）[1] 一書中論證：「我們必須意識到，打破我們習以為常的存在方式，才可能讓自己有不同面向的發展。」它使我們體認自己是「可塑的」（讓自己有成長的思維）。孔子甚至還為此提供了一個策略。我們需要自我省思，檢視自己當前的行為模式（尤其是極為細微的行為模式），然後藉由創造更好的「儀式」來積極地改變這些模式。事實上，對孔子

品格教育

來說，良善是我們如何存在、如何與他人互動。根據普特和
葛羅斯 - 駱的說法：

> 儒家的良善，並非是你可以抽象定義的事物。它是
> 與他人良好互動的能力，是感受性的發展，讓你能以對
> 周遭人有益的方式行事，並引導出更好的一面。

這是品格教育的一個絕佳定義！品格教育是我們如何與
他人相處（be），引致我們如何行事（do），最終是為了培
育人類良善的興旺。理想情況下，我們的內在品格會影響我
們的外在生活方式，而我們外在的生活方式不僅代表我們的
內在，也會相互轉變我們的內在。

最後，正如我一位天主教朋友指出，這件事強調了我們
「內在」是怎樣的人，就是我們外在行為的源頭，而這也是
猶太基督教對於人性觀的基礎。美國猶太拉比哈羅‧庫許
納（Harold Kushner）在其著作《當怎樣都得不到滿足時》
（*When All You've Ever Wanted Isn't Enough*）[2] 中寫道：「你
不會因為追求幸福而變得快樂，但會因為過著有意義的生活

1　英文完整書名為 *The Path: What Chinese Philosophers Can Teach Us About the Good Life*，中文書名暫譯。
2　英文完整書名為 *When All You've Ever Wanted Isn't Enough: The Search for a Life That Matters*，中文書名暫譯。

而變得快樂。」在福音書中，耶穌特別對他當時的宗教領袖給出最嚴厲的話語，他們虔誠的外在行為是為了讓他人刮目相看並得以支配他人，而不是出於對上帝或鄰舍的愛。耶穌將這些宗教偽君子比作外表乾淨但裡頭骯髒的杯子。相比之下，真正的良善及聖潔行為是來自一個人內心「豐富的良善」。

這一切，不僅僅是有關如何在學校教導孩子，這是一條人生之道。我的朋友兼同事麥可・帕克（Mike Park），他創立了威比學校（WeBe Schools）——這是一個極為依賴 PRIMED 六項設計原則的品格教育專門學程——而他現在也是密蘇里州聖路易斯市一所品格教育專業發展機構「品格優質中心」（CharacterPlus）的執行長。他曾說，他將 PRIMED 六項品格設計原則作為自我提升的日常冥想，這比我所預想的更加深遠。

因此，這裡的重點不是人為地區隔「存在」和「行為」，而是要引起大家關切這兩者的關係。正如我們將在整本書中所見，這種關係不僅是雙向的，也是動態的。我們的存在——我們內在的本質、我們的心靈和思想、我們的品格——顯然會影響我們的行為。相反地，我們的行為有可能改變我們的存在。品格教育就可以利用這種雙向的互動來介入。透過面對面的服務學習專案，賦予以自我為中心的青少年實質

責任，他們能看到、感受到他們如何為需要幫助的兒童或弱勢老者的生活帶來改變，對於青少年來說，這樣的經歷可以改變他們的效能感、目的感和道德認同——即他們存在的核心。

由於品格教育是我們生活的方式——首先是一種存在方式，然後是行為方式——要成為一名有實際影響力的品格教育者，就需要改變我們的存在方式，也就是說，改變我們是誰的本質以及我們如何與世界互動，特別是我們的學校以及其中的孩子及成人。因此，讓我們檢視教育及品格發展的兩個隱喻，以及它們是否符合這個教育概念，那就是行為方式源於存在，並且建立在深刻的瞭解之上。

✂️ 機械隱喻與有機隱喻

我們往往沒有密切留意我們嘴裡說出的話語。有時，我們的話（有意或無意地）扭曲了自己的真實想法或傾向會採取的行動。其他的時候，這些話揭示了我們如何看待事物，無論我們是否意識到這點。現在，我們先關注後者。

我會聚焦於一個特定的對比概念，來看如何談論及看待兒童、人類發展以及教育，無論是針對品格或其他層面。我採用有機（organic）與機械（mechanical）兩種觀點的概念、隱喻及術語。我們在教育中有許多的言行，都以機械作為框

架。我們教學、我們轉移知識、我們控制行為表現、我們管理教室秩序、我們模式化學校變革等等。

相反地，我想聽到我們談論並制定更多的有機流程。應該培育學習和發展，也應該促進理解和人類的蓬勃發展。我們應該為了品格而教育。人類是有機的實體，有機的整體，而不是機器。要更完善地瞭解人類的學習和發展，要透過有機的框架，而不是機械的框架。

孩子也不是各自孤立的存在。他們根植於各種互動的社會系統之中：家庭、班級、年級、友誼、同儕參照團體（peer reference group）、社團、小組、青年組織及宗教團體等。如果我們希望強化這些社會系統的力量，來支持兒童人類良善的興旺以及孩子的學術學習；我們就需要瞭解孩子們所歸屬的這些有機系統以及這些社會生態如何運作。當孩子不是正常「運作」時，我們不是簡單找到有問題的零件，然後更換它，而是必須全面瞭解那個年輕孩子的天性及其生活環境，並想辦法增加養分，為他帶來更好的、有機的動力。

當我的兒子於青春期苦苦掙扎時，我意識到我和妻子當時做的事情，就是假設有一個機械「修復方案」。我表現得好像是眼前有一面牆，牆上滿滿都是旋鈕、搖桿、按鈕和轉盤，每一個都代表著我們可以執行的機械動作，例如：改變我們所說的話，為他的行為制訂應急方案及教導他等等。結

果，我們身為父母的職責，變成了嘗試其中每一種可能的組合，相信最終我們會偶然發現正確的機械解決方案──當轉到正確的轉盤並按下正確的按鈕時，同時撥到正確的開關組合──我兒子面臨的所有挑戰都將立即解決。而真正有用的，是發現並沒有什麼速成的修復方案。他必須成長並至少要共同承擔眼前的挑戰。這是一種複雜的（也非常熟悉的）家庭動能（family dynamic）部分之一，也是有機的家庭動能。我們必須繼續愛他，必須讓他知道我們會在他的身邊支持。我們必須設定界限並堅持執行，必須要聆聽。我們必須要有耐心。他必須長大成熟。

這裡沒有機械的修復，有的是有機的修復，因為他不是一台機器。

學校總是會犯下這種機械的錯誤。他們尋求一套教程、一門課程、一場反霸凌集會，或其他可以「教導」品格的特殊場合。正如我們後續會討論的，這並非品格發展的方式。

✂️ 設計思考

美國學校行政人員協會的前執行董事保羅・休斯頓（Paul Houston）曾經說過：「學校的設計完美地契合我們想得到的結果。但如果我們不喜歡結果，就需要重新設計學校。」你可以簡單地以「班級」這個名詞置換「學校」這個字。這

裡的要點是，如果我們想重新設計學校或班級，必須首先重新設計自己⋯⋯我們的存在方式。正如《紐約時報》專欄評論家兼作家大衛・布魯克斯（David Brooks）曾寫下這段文字：「社會的轉變跟隨著個人的轉變。」這意味著，人們得要看著鏡中的自己，並搞清楚要如何有不同的存在，然後策略性地努力實現這件事。這不僅是令人生畏，也是難以做到的事。我衷心盼望這本書會有所幫助。

　　有助於應對自我設計挑戰的方法之一，是為各位提供一組格言，我發現這些格言不僅有用，而且對於成為有效培育孩子良善興旺的人來說，克服許多挑戰也是至關重要。某種意義上而言，各位已經遇到一個挑戰了。瞭解到品格教育必定包含一種存在的方式，而不僅僅是改變我們的外在實踐，或行為方式。當我採用品格教育更像是一種存在方式而非行為方式這個格言時，我的意思是指，在行為、教育實踐和策略方面的改變，遠不如身為一個人及教育者的改變所產生的影響。最終，我們希望存在及行為之間產生綜效，並將這一切都建立在對品格、品格發展及品格教育的深刻理解（認知）之上。以下是我們將在本書中探討的格言清單。

● 品格教育是一種存在方式，而非一種行為方式。
● 在關鍵所在處尋找，而不是在亮點之處尋找。

- 品格教育是一門困難又艱深的學問。
- 修復世界 [3]。
- 良好的品格教育，就是良好的教育。
- 記住開始的力量。
- 卓越不僅易碎，也難以維持。
- 每一個問題都是一個隱藏的機會。
- 孩子們不在乎你有多博學（how much you know），直到他們知道你有多關心他們（how much you care）。
- 成為你想在學生身上看到的樣子。
- 始終追求完美，但從不期望它。
- 寧靜禱文 [4]（賜予你勇氣，去改變你所能改變的事，賜予你寧靜，去接受你所不能接受的事，賜予你智慧，分辨兩者的差別）。
- 孩子的發展不會是直線式的。
- 領導者需要以他們自己的「正直」領導。

只是開個玩笑

我們以另一個格言來為這整本書設立框架。為了要做到

3　原文為 Tikkun Olam 在希伯來文中解釋為「慈善」，更廣義的意思為「讓世界變得更好」「治癒世界」，為自發性的善行與慷慨，以創造更好的社會，也為全人類的福祉負責。

4　原文為 Serenity Prayer，最初由美國神學家尼布爾開始的無名祈禱文，後來稱為「寧靜禱文」，時常被匿名戒酒會與其他單位所採用。

這件事，我必須說一個笑話。笑話可以有許多用途，它們不一定只是為了起鬨或娛樂。笑話可以有效地教學。順道一提，湯瑪斯・凱瑟卡（Thomas Cathcart）和丹尼爾・克萊恩（Daniel Klein）的著作《哲學不該正經學：哈佛笑魁開的哲學必修課》（*Plato and a Platypus Walk into a bar*）[5] 就是一個絕佳的例子，他以笑話和幽默來教導哲學。以下是一個眾所皆知的笑話，有助於構建本書的核心目的。

找到高效品格教育的鑰匙（關鍵）

一個男人深夜走在街上，看到前面有另一個男人，他手腳並用趴在地上，在街角路燈下的草叢中搜尋著什麼。於是，他走近並詢問：「你是不是弄丟了東西？」尋找東西的男人回答說：「是的，我的車鑰匙不見了，找不到就回不了家了。」男人說道：「我來幫你吧。」他以雙手、雙膝跪地，開始徹底地搜查路燈下的那片草地。沒過多久即可確認這一片小草叢中顯然沒有鑰匙，這位幫手問道：「你確定你的鑰匙是在這裡不見的嗎？」搞丟鑰匙的男人回覆他：「不，我在這條街的前半段就把鑰匙搞丟了。」這位幫手感到驚訝且惱怒，問道：「那我們為什麼要在這裡找鑰匙？」鑰匙不見的男人回答：「因為這裡光線比較好。」

我發現這個幽默的故事，也可以作為對於人生及品格教育的有益格言。我時常遇到一種情況，就是教育者尋找著「亮點」之處，而不是「鑰匙／關鍵」（keys）實際所在的地方。甚至，我會誠實地說，對於多數的教育工作者而言，在某種程度上都有這樣的情況，所以不要斷言這情形完全不適用於你。我希望，各位可以花一些時間真正思考這本書所指出的品格發展關鍵，並詢問自己是否可能投入於一些善意卻無效的品格教育實踐，這很氾濫而常見。這樣的自我檢視，在個人及專業層面都相當具有挑戰性，甚至有威脅性，所以當我們閱讀本書時，我會慢慢地介紹鑰匙／關鍵為何，以及讓人分心的路燈又是什麼。不過，如果你分心了，就如瑪格麗特‧惠特利（Margaret Wheatley）所說的：「對可能性抱持著開放的態度。」並且你有一些專業的謙遜（對於我們多數人來說，謙遜是具有挑戰性的美德），那麼就可能發現自己一直在路燈下尋找著，還錯過了真正的鑰匙（關鍵）所在之處。這本書是關於六把鑰匙（六項關鍵）以及它們「隱藏」在哪裡——如果在正確的地方找尋的話，其實不難找。

5　繁體中文版於 2018 年出版，李茲文化發行。

各位和所有教育工作者所面臨的挑戰，就是不再因為其他的光線而分心，而是習得品格發展的關鍵在何處，接著在該處尋求指引，瞭解如何有效地培育人類良善的茁壯成長。我希望這本書能作為一個指南，引導各位從亮點之處走向關鍵之處。

艾咪・強斯頓（Amy Johnston）是一位典範品格教育校長（他帶領法蘭西斯豪威爾中學〔Francis Howell Middle School〕得到國家品格學校的認可），此後還獲得了品格教育博士學位，並為「品格教育組織」（Character.org）、「品格優質中心」（CharacterPlus）及密蘇里大學聖路易斯分校品格和公民中心（the University of Missouri-St. Louis' Center for Character and Citizenship）等單位效力。他講述了一個故事，關於法蘭西斯豪威爾中學首次看到周密的品格教育不僅產生行為及發展上的成效，更得到（幾乎不可避免的）相應的學術成果。他的校長同儕來找他，詢問他做了什麼努力才得以獲得如此令人欽佩的學業成績，這些校長們也想將他的方法複製在自己的學校。

他的答覆是：「品格教育。」當他們發問：「你的意思是指什麼呢？」他描述了學校在建立關係和賦能結構上的投入；但他們並不相信這就是答案，又說：「你還有什麼要告訴我們的嗎？」對他們來說，這一切有如魔術一般。後來，

他們離開了，因為他們盼求的是一套課程或一個易於複製的教學變革。換句話說，他們想要找到一種機械式修復方案。然而，這一種對於學校「存在方式」的有機變化，引致全然不同的「辦學方式」，是以培育正向的關係、建立正向的學校與班級文化為優先。這所學校典範般的品格教育成功故事及有聲有色的學術成就，背後的祕訣就在此。

以下是一則類似的故事。我帶了兩位日本訪問學者到林德伯格高中（Lindbergh High School），這是一所在學術、品格方面都堪稱為真正典範的公立郊區高中。在此之前，這所學校在羅恩・赫爾姆斯（Ron Helms）的帶領下，開啟了以品格為基礎的轉型，有著長期且非凡的成長和成就。然而，我對於在那段時間去造訪這所學校有所擔憂，因為這所學校在兩年內更換了兩位校長。在過去的二十年裡，我指導了近一千名學校領導者，我知道領導者的更換對一所學校有多大的破壞性。首先，是第一位繼任者的任期中斷，他不符合林德伯格高中的使命和願景，在職只維持短暫的一段時間。這讓我特別擔心，如何維持林德伯格高中的成功軌跡。好吧，其實我不必擔心。第二位繼任者，也就是現任的校長艾瑞克・科克倫（Eric Cochrane），不僅排除了第一段過渡期中的困難，而且讓林德伯格高中重返他們過去十多年來一樣的輝煌道路上。他在創校初期幾年曾於這所學校任教，他

瞭解能發揮效用的關鍵是什麼。

我發現，我與我的兩位訪客以不同的視角尋找學校成功的「關鍵」，他們非常關注學術成就和品格教育表面的實踐狀況，想要確保品格教育不會削弱學術的重點培育。這很諷刺，因為在這十一年間，林德伯格高中逐漸且穩健地進步，成為密蘇里州一所學術上頂尖的高中，他們宣稱這要歸功於品格教育，特別是透過學生賦能。林德伯格高中的學生被賦能去指導與協助其他同學，制定各種提高全校學業成績的策略，真實地設計並舉辦全校性的活動，提出富有意義的學校變革方案等。

然而，我的訪客一直在詢問並尋找關於品格課程的事物，並在走廊上拍攝關於品格的海報。另一方面，我在尋找的是文化、賦能及關係。我對學生們的自主性感到最為震驚，他們似乎很享受這種令人印象深刻的自由度，並且負責任地善用它。當我們行經學校走廊時，到處都是學生，而且還是上課時間。學生們從大樓的一處走向另一處。走廊上有圍成一圈又一圈的小團體正一同進行專題研習。走廊上其他單獨個體，大多躺在地板上畫海報、組裝作品、閱讀或寫作。此外，沒有任何老師會質疑他們，或是命令他們停止。我完全沒有看到「走道通行證（授權學生離開特定教室的通行證）」的存在。當我們問學生們，學校對於學生品格最大

的影響是什麼時，他們的回答是「賦能」（empowerment），這是 PRIMED 六大設計原則中的「E」原則，我從林德伯格高中品格實施的創始校長羅恩‧赫爾姆斯那裡得到了答案。

高效能品格教育不是什麼魔術。當一個人尋找亮點之處或有光澤的低影響策略時，就會認為看起來像魔術。我希望，這本書能引導你將焦點放在培育人類良善的真正關鍵，以及深刻地理解能幫助你打開大門，迎向有影響力的轉變——先是存在，接著是行為。

有人說，教育分為三種：對學生進行的教育（education we do to students）、為學生進行的教育（education we do for students）以及與學生一起進行的教育（education we do with students）。高效的品格教育要透過協作的方式，與學生一起完成教育，充分利用我們的人力資本。而這需要不同的思維方式，特別針對關係及賦能所有關係人，真正地改變優先次序，簡而言之，就是我一向稱之為不同的存在方式（different way of being）。由此，將產生不同的行為方式（different way of doing）——對應於 PRIMED 六大設計原則的實行，這將真切地改變學生身為人類的發展，是我們都想造就的那種重大改變。

◁ 本書的組織架構

這本書是基於 PRIMED 六大設計原則的系統架構，全書分為八篇，各由多個章節組成。第一篇藉由定義品格教育領域來設置背景，其中介紹一些相關歷史（第一章及第二章），並討論其重要性（第三章）。接著，第四章則提供 PRIMED 六大設計原則的概述，後續的六篇會一一介紹每個設計原則的元素。

你可以將品格設計原則視為六大概念。在這些概念的文末，會看到一份學校評估用的工作表，用來支援實施的增強及策略的規劃。在該部分中，還會看到用於探究每項設計原則的資源列表。

第二篇介紹第一個概念，即「優先考慮」（Prioritization），它與其他概念有點不同，並且得到更高的關注（第五章至第十章）。在某些層面上來說，它是一個同時描述其他元素的母體元素（meta-element），因為它不只是將品格教育作為優先考慮，也同時具體地應用於其他五個元素中的每一項。例如：透過優先考慮，我們希望學校將品格教育作為學校的優先事項（如明確地將其放在學校的改善計畫之中）。但是，優先事項也意指我們希望學校優先考慮 PRIMED 的六個要素中的每一項；例如：「關係」（Relationship，PRIMED 品格設計原則中的「R」原則）和學校的成人實行「示範」

（Modeling，PRIMED 品格設計原則中的「M」原則）。我們於第五章定義「優先考慮」，接著轉向我們在品格教育科學研究的審查中，具有實證的實務類別，其中包括修辭優先（第六章）、資源分配（第七章）、學校風氣（第八章）、學校結構（第九章）以及學校領導的關鍵角色（第十章）。

第三篇介紹「關係」。我們在第十一章解釋各種關係的重要性；第十二章則是將關注重點放在校內各種關係的建立；而第十三章則是聚焦於如何與校外的關係人建立關係。

第四篇，則是關於支持內在動機（Intrinsic Motivation）和核心品格優勢的內化。第十四章說明聚焦內在動機和內化的理由；第十五章則提供了警示事項，是關於依賴外在動機來促進品格發展的危險；第十六章介紹基於實證的實施策略，能夠提高內在動機和品格優勢的內化。

第五篇是關於「示範」對品格發展的重要性。第十七章闡釋角色榜樣（role model）的重要性及中心地位，特別是學校社區中重要的成人們；第十八章說明將正向榜樣制度化的實施策略。

第六篇涵蓋了「賦能」（Empowerment）。第十九章定義了賦能，尤其是在學校中賦能——並證明賦能在品格教育中的重要性；第二十章介紹基於實證的賦能實施策略。

第七篇是關於品格設計原則的最後一部分，涵蓋了發展

式教學法（Developmental Pedagogy）。第二十一章則是解釋在品格教育中採用發展性觀點（Developmental perspectives）的意義；第二十二章介紹如何進行為長期發展而教育的教學法。

第八篇只有單一的章節，即第二十三章，該章總結所有內容的關聯性並為本書收尾。

第二章

描繪樣貌

在進一步探討 PRIMED 六大設計原則以及其實行策略之前，有必要探究本書中及品格教育領域中的關鍵概念。本書的重點是在孩子身上培育人類良善的興旺，那麼在這裡真正要說明的意思究竟是什麼？

結束前的終局

在思考諸如品格教育等的介入措施時，「以終為始」是有助益的。有時候，這就被稱作「反向設計」（backward design）。我們的想法是，任何有效的品格教育行動，出發點都是清楚瞭解我們試圖要造成什麼樣的影響。任何旅程不僅始於第一步的開始，還需要一個目的地。知道自己想去何處，是到達終點的關鍵。

同樣重要的一件事，是明白並不只有單一路線才能到達那個目的地。當然，各位可以帶著一張有特定步驟及方向的

紙本地圖，類似谷歌地圖或 GPS 的功能，告訴各位應該在哪裡轉彎才能到達想去的終點。這就像是一份食譜，依循著相當具體的指引步驟，理想情況下便可以做出自己所期待的一道菜。但品格教育更像是成為一名廚師的過程，而不是依照食譜來下廚。

然而，針對品格教育，查爾斯・艾爾博特指出，我們所需要的是一個指南針，而不是一張地圖或特定方向的指引。我們必須知道自己往哪個方向前進，並在多個選項中選擇要行進的那條路。在遇到意外狀況時，這讓我們能夠調整，甚至可以即興發揮。請將六項設計原則視為六顆北極星。當然，每項原則我們都將提供具體指引，但它們都只是建議或選項，而不是必定依循的步驟。

令人印象深刻的是，美國空軍學院（the U.S. Air Force Academy）的品格與領導力發展中心（Center for Character and Leadership Development）就被命名為「北極星大廳」（Polaris Hall）。這個概念無論在名稱及設計上，都以北極星作為指引方向的象徵。長期以來，太空領航員向來習慣以北極星作為維持航道運行的恆常指引。而事實上，若坐在美國空軍學院榮譽法庭的被告席上時，頭頂上就正好是宏偉的玻璃高塔，而它正指向北極星。這不僅設計上極具巧思，也極具有意義及象徵性。針對品格教育，人類良善就有如一顆

北極星。

　　然而，使用指南針並不代表我們應該對於目的地模糊不清。或許可以說「最終目的是品格」或者「最終目的是人類良善」，但什麼是品格、什麼又是人類良善呢？我們需要確定所有品格教育的目標，以某種合理的清晰度和具體性，使它們成為設計、實施和評估品格教育行動的北極星。當你表達想要「教導品格」時，究竟指的是什麼意思？而你所說的「品格」是指什麼？當我們表達「培育人類良善的興旺」時，指的又是什麼意思？

　　這個時代，我們都被巧妙地賦予教育上的績效責任[6]，我們之中有許多人因此受到傷害。然而，適切的績效責任實際上是一件好事。這讓你知道自己想要完成什麼、釐清最有可能讓自己到達目標的方式是什麼，並擁有一種評估進展的方法……嗯，這會是一件好事。但目前為止，現行對於教育績效責任的熱衷，所帶來的難題不是這些步驟，而是嚴重錯誤的成果評估方式及試圖透過高風險的結果來激發學業成就。不但導致在重要考試中的舞弊行為，也限縮了課程範疇，集中或關注在考試的內容上。而這正是教育績效責任中的爛蘋果。不幸的是，有缺陷的績效責任制深植於學術教育

6　原文 Accountability，校外機構對學校進行的教育工作核定，這種教育責任制要求行政人員、教師為自身的工作表現和學生表現負責，也是指學校教育資源運用後所產生的效果，即為「績效責任」。

體制中，不僅在美國，在全球的教育領域中也普遍蔓延。

幸運的是，品格教育有效遏止這種執迷於考試分數的績效責任制，因為這樣的制度讓許多學校將課程範圍縮小至閱讀和數學為主，並在過程中剝奪了孩子們在藝術及其他人性化教育體驗的探索。但在某種狀態上，品格教育者也確實忽略了績效責任。我們不傾向於有系統性地界定成果、以學術研究和實際成果來調整實施方法以及有效地評估成果。很遺憾的是，在品格教育中，很少有這種績效責任。我們若瞭解以下事情，將使品格教育更高效：具體知道品格成果為何、能夠以可衡量的方式來界定成果、知道哪些研究可幫助促進成果，並且以有根據的方法來評估是否對特定關注的品格和核心價值造成顯著影響。

因此，從終點作為起始「以終為始」，我們一開始就要提出結果，並提出「什麼是品格？」及「當提及培育人類良善的興旺，實際上是指什麼？」這些問題。在進行之前，需要花一點時間來處理這些障礙，甚至必須清楚且誠實地談論這件事。

談談用語

什麼用語能最佳概括「培育人類良善的興旺」？這正是我在此的重點。過去，我曾使用「語義泥沼」和「語義

雷區」這兩個字詞來描述這令人困惑、往往極為危險的一堆雜亂詞彙，都是用來指出很大程度上重疊相交的不同概念。相關的用語可說是五花八門、百家爭鳴：道德教育（moral education）、品格教育（character education）、價值教育（values education）、美德教育（virtue education）、社會情緒學習（social-emotional learning）、正向心理學（positive psychology）、正向青少年發展（positive youth development）及品格優勢（characters strengths）等等。而且，往往因不同的文化和時間而有多樣變化。

於 19 世紀末和 20 世紀初時，品格教育這個用語在美國曾一度盛行，然後就失去了「市占率」，直到 1990 年代初期才捲土重來。如今，這個用語正處於一個充滿新興術語及運動的「市場」中並面臨競爭，像是「社會情緒學習」和「正向心理學」。

然而，在世界上有許多地方，品格教育正逐漸成為首選用語，例如：英國（極大的程度要歸功於英國品格與德行銀禧中心〔the Jubilee Centre for Character and Virtues〕以及蘇格蘭品格中心〔Character Scotland〕）、新加坡（歸功於教育部及其品格與公民教育中心的分部）、拉丁美洲（部分歸功於鄧普頓世界慈善基金會〔Templeton World Charity Foundation〕的投資）以及印尼（似乎是因為政治領導階層

所推行的在地運動）。重點在於，這個品格樣貌不僅顛簸、複雜又多變，也跨越了時間和空間。

涉及人類良善和興旺的議題，在本質上可能產生截然的對立，甚至令人恐懼。它最終還是要應對關於對錯、道德倫理的議題，而這又會讓人感到更不自在甚至更加多疑。關於學校體制的概念，甚至社會「規範」的道德對錯觀念，會讓許多人反感，因為這可能會威脅到人們根深蒂固的信念，並覺得被剝奪權力且備受控制。因此，人們會將恐懼投射於這個用語，無論使用的措辭是什麼。我記得在一次會議上，場中有許多關注品格教育的教育者及教育政策制定者。在同一個空間內，有人憂心地表示品格教育是反對傳統宗教及文化價值的自由運動，而另一個人則表示，憂慮這等同於是一種保守的基督教運動，將宗教價值偷渡至自由的公立學校。

這些常見的恐懼比比皆是。你要傳授的是屬於誰的價值觀？這些要教導我們孩子什麼是道德、什麼是不道德的教師究竟是誰？我們都有屬於自己的道德觀，但你有什麼資格，可以強加自己的道德觀在別人身上？而這些應該在信仰團體或家庭中教導，而不是在學校。諸如此類的疑問不勝枚舉。當我們審視世界各處的情況時，發現有些用語很容易讓人們接受，有些則令人極為反感。即便在美國，在不同的城市地點，你也會發現人們對於如「品格教育」這樣的字詞，自在

程度互異。例如：現在於密蘇里州和紐澤西州，「品格教育」已是人們熟悉且普及接受的用語，但在康乃狄克州則不然。

因此，深入探討如何以良善作為教育的前提之前，我們有必要在此談論其中的一些議題。唯有如此，才能深入瞭解這本書的實質內容，即探討人類興旺的關鍵在哪裡，避免被路燈的光線迷惑而分心，並學習如何實現人類良善及興旺的關鍵。

什麼是品格？

正如你早就已經注意到的，我主要使用的詞句有兩個：「品格教育」（Character education）及「培育人類良善的興旺」（nurturing the flourishing of human goodness）。在此，我可以互換使用這兩個用語。品格教育是這份工作的通用名稱，但如前所述，它也是該領域文化戰爭中的眾多競爭者之一。我使用這個詞句已長達二十年之久，長期使用有多個原因。原因之一，是基於歷史性：「品格」和「美德」這兩個字已有長久的影響力，可以追溯至古希臘時期的柏拉圖、亞里斯多德及蘇格拉底。

第二個是基於概念性的理由：正如我的使用所及，在我看來，品格是最為寬廣的理論結構，它不僅涵蓋了學校的文化發展，還包括其他更具體領域，例如：社會情緒學

能力去採取符合道德的行動。品格教育組織將其定義為「理解、關注並依循核心道德價值行動」。在其他地方，我將其定義為一組心理特徵，這些特徵可以激勵、賦予人能力成為一個道德人（moral agent）。歸根究底，這關乎對與錯，包括知道對與錯、嘗試做正確事的動機以及將道德最大化的為人處事技巧和其他能力。道德品格涉及知識、動機和能力，這些會導致本質上可以直接影響他人幸福及權利的行為。

值得注意的是，關於道德和品格，總有不少深究的相關哲學辯論。其中有一個重要的差別，一是道德品格由一個人的權利及義務所定義，另一個則是更寬廣地認為它同時涵蓋了超越道德義務的美德。例如：謙遜和感恩之心。化解這些差異性已遠遠超過本書的範圍，但我會傾向於以更包容和概括的方式來談論品格，特別是道德品格。

成就品格，是指一個人無論做什麼事，都盡己所能做到最好的意願及能力。它可能導致道德行為、不道德行為，或與對錯都毫不相關的事情。麻州有一位鄉間小學的教師羅恩・柏傑（Ron Berger）察覺自己的木工作品和他身為教師這項職業間的關聯性。一個人要有木工手藝，就需要追求卓越的德行（*an ethic of excellence*，這是他第一本著作的書名）。沒有人會願意製作差一點就能關上的木門，或是尺寸不符的抽屜。他希望自己的學生能採用相同的處事態度，先

是在學業上，之後也以這種思維面對往後的人生。

　　為了實現這項目標，他協助開創並完善了一種卓越的教育方法，他和他的同事稱之為「專案學習」（project-based learning），他以一名教師的身分實踐這方法二十八年，並以教育顧問及作家的身分協助教導他人，該教學法現今是遠征式特許學校（Expeditionary Learning Schools，網址為 eleducation.org）的核心，並且有越來越多全國各地的教育工作者利用這方法，讓學習更有意義，更有利於品格發展。

　　雖然，羅恩認為自己主要將注意力集中於成就品格，但他很快就發現，自己不斷將追求卓越的德行與良善的德行相互結合，主要是因為他的為人以及身為一名教育工作者及世界公民的使命所產生的願景。羅恩教學法的核心專案往往包含學生們的相互合作，以及經常為他人提供服務。他在課堂上創造的「工匠文化」、他與學生之間精心培育的關係、學校及鄉間小鎮形成的大社群，都是培育道德品格及成就品格的關鍵要素。他的聰明才能在於以一種完全整合的方式，讓學生積極參與了體驗式班級專案（experiential classroom projects）。在本書後續的「發展式教學法」（Developmental pedagogy）部分，我們將會探討這些特殊的「關鍵」，為 PRIMED 六大設計原則之中的第六項。

　　說到這裡，這可能正是提出重要哲學觀點的好時機：正

如亞里斯多德所說，「美德」（virtue）就意味著「人性卓越」（human excellence）——在做人上卓越，成為亞里斯多德認為人類自然而然的樣子，而且如果人類想要幸福就該如此，換句話說，就是成為有道德的人！以亞里斯多德的觀念而言，卓越本身就具有內在的良善；它不是附加於良善的個別特質。

在我工作過的多數民主社會國家而言，公民品格包含身為一個社會成員能有效貢獻所必需的特質。許多年前，我和沃爾夫岡·阿爾特霍夫（品格與公民教育中心的前任共同主持人）定義公民品格是綜合了「瞭解社會的知識、參與社會的技能，以及有建設性地投身於共同努力以促進公眾利益的品性」。

約翰·杜威（John Dewey）及當代的沃爾特·派克（Walter Parker）一再表示，好公民並不會從樹上長出來。我們必須有意識地對他們進行社會化及教育。很明顯地，公民品格與其他的品格範疇有重疊之處。事實上，四個品格範疇都互相有重疊之處。舉例來說：公民品格包括對於公眾利益（the common good）的追求，這裡的利益（good）不僅是涵蓋需要的事物，還包括正確的事物。它也需要尊重真理事實（truth），在當前「新事實」（new truth）、「另類事實」（alternative truth）等政治與文化的氣氛之中，我們

不應該以為這理所當然會發生，而尊重事實，是智性美德（intellectual virtue）的核心要素。對公眾利益的承諾，也包括對人權的尊重，在國家或全球的範圍內，都不應視為理所當然。公民品格從本質上就是民主的，這種主張並不是什麼種族優越感。政治的民主形式可以合法地產生變化，但其道德核心——對於事實和人權的尊重——是不可或缺的，不是後來才附加的。事實上，正如美利堅合眾國開國元勳所公開承認，普及學校教育的主要理由是為了培育有民主精神的公民。在他們的角度看來，學校教育並非職涯發展，而是一種公民發展，只是在過去的兩個世紀中，這種觀點多半已消失殆盡。

智性品格側重的是探究。智性品格所關注的是促使一個人不斷地探究的一系列值得欽佩的特徵。傑森‧巴漢弗（Jason Baehr），身為哲學家及加州長灘智德學院的創始人，提出了一系列智性美德，其中包括好奇、反思、周全、客觀、公正、勇氣、開放思維、謙遜以及誠實。顯然地，這些美德至少與成就品格和道德品格的範疇有所重疊。

因此，我們可以看到，品格是一系列的特質能激勵人們並使人們成為道德人（道德品格），盡最大努力（成就品格），在公共領域之中有效地與他人協作以促進公眾利益（公民品格），並有效地探究且追求知識和真理（智性品

格）。這些範疇不是彼此無關、離散的，它們其實相互重疊，使得理解、設計、實施以及評估品格教育這件事變得更為複雜且困難。

身為一名心理學家，品格和人類的良善是面向多重又複雜的概念。但我身為一位業餘哲學家，也看到了所有這些心理複雜性的重點。人類良善關乎倫理及道德，正如亞里斯多德在兩千年前已清楚論證的一樣，它深植於人性的發展中。人類的良善在內在和一系列的心理特徵有關係，例如：一個人的思考及知識、一個人的動機及情感、一個人的社會及情緒技能以及一個人的行為模式。然而，它本身也有一個整體論。也就是說，它與這個人的本性有關，關於這個人是怎樣的一個人，大部分的核心集中於我們所常說的「自我系統」（self system），這和一個人的自我意識（sense of self）有關。你覺得自己是一個怎麼樣的人？你渴望成為怎樣的一個人？當你告訴自己——有時告訴別人——關於本性、個性以及人生旅程，會怎麼敘述或訴說這個故事？會選擇模仿誰的行為？誰是你的英雄及角色榜樣？是否有一個告知你該如何過人生的道德指南針（moral compass）嗎？這一切，都不能簡單歸結為一個人的頭、心和手。相反地，將這些特質融入你的品格，這是你的良善，這才是根本。

然而，要讓它成就「良善」，就必須有你的道德指南

針。我不是一位哲學家，因此針對哲學家們這千年來想要解決的那些問題，我總是不願班門弄斧。不過，我至少會引用我從羅伯特・艾許莫（Robert Ashmore）身上所學到的事物，他是一位倫理哲學家，也是幾十年前我在馬凱特大學（Marquette University）的老師及同事。道德或倫理至少必須要高於自身利益，必須超越於自我之外。我會說，這有一部分是根源於「修復世界 *Tikkun Olam*」。它試圖讓這個世界對每個人而言都更加美好。因此，人類良善是一系列的心理特徵，激發並使人們能夠為這個世界增加道德價值。它是一種內在傾向，關乎關懷和關心他人以及我們所身處的世界，是深切且長期關心正義、尊重、同情和其他核心道德的良善，並採取行動來促進和維護它們。大體上，它是關乎我們都想在他身邊一起生活、工作的完整之人。那麼，人類良善就是一種傾向及能力，能讓世界成為對每個人都更加公正、更有同情心的地方，也是個人自我意識的核心。

　　品格在本質上的種種複雜性，正是我認為品格教育是一項複雜科學的根本原因。有太多教育學者認為品格教育很簡單，而很多品格教育的提供者（例如：專業的組織單位、課程開發人員等）也傳達了這樣的訊息；也就是說，他們認為品格教育不僅簡單也不費力，但其實並不然。有些個別的實務操作，例如：在教室門口迎接並問候學生，可能不是多複

雜的科學，但整個品格教育事業，肯定是項複雜的科學。我看過太多懷抱著善意的教育者不停摸索著品格教育卻不得其門而入，因為他們沒有掌握其複雜性和困難度，往往是因為他們總是尋找著亮點之處，而非促成有效品格教育的關鍵。

鑒於我的專業關注在道德發展，本書對於道德品格的聚焦將多於公民品格、智性品格以及成就品格。如前所述，我們很難將它們區隔，正如我們將會發現，許多有效的實務，一次往往讓不同的關鍵同時發展。

⋖ 品格、品格發展以及品格教育

在探索了品格的本質之後，將品格及兩個相關的用語進行區別，可能會有所幫助：品格發展（character development）和品格教育（character education）。品格是人類天性的一個層面，品格發展包括了促成品格成長的心理過程，品格教育則是藉由家庭、學校及其他情境的實踐來有意識地培育這些發展過程。

為了對品格產生最佳的影響力，我們需要瞭解品格的本質，以及它如何在一個人身上發展—理想情況下是好品格，但我們也必須意識到我們也會造成壞品格的形成。一個人如何成為富有同情心或是冷酷無情的人？一個人的誠實從何而來？是非對錯的判斷，有什麼樣的發展階段？支持一個人從

一個階段邁向下個階段的成長關鍵是什麼？為什麼有些人有良知，有些人則欠缺？當我們尋求品格的關鍵時，需要尋找的不是亮點之處，而是識別並瞭解有效的潛在發展過程。

為了精心安排關於品格發展和教育的領悟，我學會了如何與我的聽眾們一同進行思想實驗。在其中一次，我請觀眾思考一下自己的品格優勢。我特別指出，他們不需要公開與大家分享。我們可能會認定自己格外誠實、極度富有同情心，或相當可靠、負責等等。你希望熟識你的人們會注意到你有什麼樣的品格，並為了你是什麼樣的人而感到開心呢？（來吧，在這裡花點時間停下來，自己思考一下。）

等他們想好了個人的品格優勢後，我請聽眾們思考第二個問題，這題困難許多，問題為：「是什麼讓你成為這樣的人？你為何會成為這樣的人？」那具體的品格優勢從何而來？有時，對我們而言，我們的品格根源很清楚。然而，大多數時候不容易弄清楚。（同樣停在這裡，自己思考一下）。接著，我請自願者分享，無論是基於自己的發現或猜測，他們自我認同的品格優勢的根源為何。

同樣的思想實驗，多年來我已和全球近上百個團隊一起進行過。現在，我也早已清楚知道自己會得到什麼結果。當你在閱讀以下內容時，將反思的結果和我頻繁聽到的話來進行比較。

合作。然而，當這個人上任院長後，只有由上而下的決策，毫無合作可言。我們可能會問，這種事情為什麼一再發生？

　　原因可能所在多有。其一，他並沒有真誠地將信奉理論付諸行動。或者，這個人在很大程度上，可能沒有意識到他或他信奉的價值觀及實踐的價值觀之間的差距。又或者，人們可能希望根據所支持的理論採取行動，但沒有足夠的執行技能來完成。經常發生的情況是，教育者錯誤地認為他們正在使用的實踐方法確實達到了他擁護理論的有效執行，實際上卻並非如此。

　　最後，一個普遍的情形是，我們都希望將自己的信奉理論堅定地付諸實踐，但環境條件卻造成了阻礙。一位班級教師相信班級會議和合作學習可以養成品格發展的重要層面，但總覺得時間不夠，因為課程進度的壓力過大。一位校長希望把建立關係、賦能於學生，並建立一個強大且專業的社群列為優先事務，但校方的中心機構往往有不同的優先事項。我們經常聽到教育工作者說：「我們想花更多時間在品格教育上，但是……」上述所有因素往往同時發生，讓我們無法做到最好，也無法盡最大努力來培育人類良善的興旺。

　　品格教育很簡單，就是有意識地實行旨在促進品格發展的策略。口頭上說明是容易的事。瞭解有效促進學校（和其他青年社會化機構，包括家庭）品格發展的要素為何，是一

項複雜許多的工作，並且是本書接下來大部分內容的重點。

　　無論追求該重要目標會面臨何種障礙，這本書都是關於（1）藉由提供培育人類良善的興旺其主要心理影響的證據，來改進我們對於品格教育的信奉理論，以及（2）關於有效的實務，提供實質而具體的建議，讓我們的行動也與那些告訴我們該怎麼做的有益理論相符。

透過做符合對方最佳發展權益的事情來關愛人。根據亞里斯多德（他生活於赫拉克利特之後的一個世紀左右）的說法，興旺（flourishing）是人類發展的最高成就（他稱之為「幸福」〔Eudaimonia〕）。對亞里斯多德來說，興旺是道德美德的全面性發展。集結普卡、赫拉克利特以及亞里斯多德的觀點，這將我們導向發展之愛的概念，即忠誠投身於完善道德美德的可能性和漸進式發展。

當我們討論到發展式教學法，即 Primed 六大設計原則之中的第六項原則時，我們將會進一步探討這一點。

進步派或保守派

對我而言，這些概念主要關乎一個人是重視、朝向積極的改變，或是傾向於維持現狀。保守的意思是指保存、維護和保持原樣。它是對現有事物的關注，並試圖加以保護。有時，這是對於欣賞並保護世界上美好事物的關注，而在其他時候，則是一種避免改變的慣性。另一方面，進步主義更關注哪些事情可以更好，並試圖使世界朝這個方向邁進。當然，有許多事物值得保留，這因此是一個方向及程度上的問題。訣竅是不要固定不變，要持續將歷史弧線推向正義和其他善行，並且這麼做時，別將嬰兒和用完的洗澡水一塊潑出去，而是保留應保存的事物。正是因為我有成長思維，同時

長遠以來是個樂觀主義者，我相信，進步不僅是可能的，還是一個崇高的目的，從長遠來看，進步是難以避免的。然而，我們的價值觀、目標及行動有可能會阻礙或加速其進展，這都取決於我們。

我的朋友克利夫頓・陶爾伯特（Clifton Taulbert）是一位著有多本回憶錄著作的作家，他著有《從前從前，我們是有色人種》（*Once Upon a Time When We Were Colored*，中文書名暫譯）及《給教育者八個心的習慣》（*Eight Habits of the Heart for Educators*，中文書名暫譯），他的作品為我帶來啟示，讓我思考進步主義的概念。他對於成長思維有強烈的信念，主要是因為他的童年正值種族隔離時期，成長於密西西比河三角洲（Mississippi Delta）一個種植棉花的農莊，卻從一個非裔貧窮家庭的孩子成為一名受過教育且成功的商人、作家、演講者、飛行員以及顧問。他的故事與童年時期圍繞在身邊的人們有關，他們不是看他當時的樣子，而是看到了他的可能性。他們本可以就自己的固定思維，將他視為註定貧窮、未受教育，且備受歧視的人，但他們沒有。他們看見他有能力成為怎麼樣的人，然後投入於這些可能性，儘管周遭世界都說這是不可能的，也是不被接受的。

在這裡延伸問一個有趣的問題，關於一個人認定玻璃杯是半滿還是半空，重點在於你對玻璃杯裡空的那一半的看

法。你認為它代表了空間浪費，或是有可能性的機會？我們的玻璃杯裡都有空缺的地方。而我們是否看到了其中的可能性呢？

許多偉大的創業者所看到的是後者。事實上，約翰·鄧普頓爵士，無論是在我的領域或其他業界之中，都被稱為一位偉大的慈善家，他投入了大量資金支持品格教育的發展，作為一名投資者，他透過發掘他人沒有察覺的機會而累積財富。他尋找未被注意到的成長機會，他的慈善基金會也持續以這理念做下去。

最近，我聽到了葛列格·博伊爾（Greg Boyle）神父的採訪，他藉由看到洛杉磯的幫派成員身上的可能性，為他們帶來希望。他沒有將他們視為「危機少年」，而是「機會少年」。

克利夫頓·陶爾伯特經常提醒我們，我們不應該只是看到孩子現在的樣子，而應該看到他們身上的可能性。接著，我們必須要做的，是效仿約翰·鄧普頓爵士、羅伯特·柯恩（Robert Kern）、桑迪·麥克唐納（Sandy McDonnell）、理查·皮珀（Richard Pieper）、小史蒂芬·比奇特爾（Stephen Bechtel Jr.）、德斯蒙德·李（E. Desmond Lee）等多位偉大的慈善家的作法，投資那些孩子，投資他們的可能性，以及他們的品格。

品格發展不僅關乎個人的發展，也同時關乎建造世界和修復世界。

地方主義者或普世主義者

身為一名發展心理學家，我傾向於思考基本的人性，並尋找普遍的發展過程。因此，我傾向於看見所有孩子的共同點，但並非每個人都會這麼做。

幾年前，我正在閱讀我研究生的論文，他們幾乎都是正努力取得校長認證的教師。他們工作的學校大多都在資源匱乏的城市中，教導的也是學習資源不足的少數族裔學生。令我震驚的是，這些經驗豐富的教育者仍時常懷疑要如何有效針對「這些孩子」進行品格教育。更令人不安的是，那些來自同個少數族裔、資源匱乏社區的教育工作者，甚至比那些享有特權的白人教育工作者更抱持著懷疑態度。他們認為，面對「那些孩子」，必須要採取不同方式和他們「相處」（be）或「實踐」（do），在他們看來，這些孩子對於品格教育策略不會有太積極的反應，而這些策略據說針對「較有優勢」的孩子（來自不太麻煩的家庭、社區等）比較有效。幸虧在這門課我們必須進行實地考察，造訪來自不同人口群體及社區的各個典範品格教育學校。

我們將他們送至第一特許學校（Premier Charter

School），一個涵蓋了學前班至八年級的市區特許學校，學生都是透過抽籤從聖路易斯市選出。我們將他們送到布許中學（Busch Middle School），這是一所聖路易斯市公立學校裡施行品格教育的磁力學校[8]。我們也將他們送到諾斯維高中（Northview High School），一所為聖路易斯市服務的特殊教育高中。在他們通常認定較有挑戰性的學生群體中（更確切地說，他們抱持懷疑態度的那個群體中），親眼看到令人印象深刻的品格教育新作法及其帶來的結果，往往打開他們的眼界，看到對於所有孩子，包括「那些孩子」進行有效品格教育的可能性。

當我帶這些教育工作者去學校造訪或給他們看一些看起來不像他們學校的影片，裡頭有看起來不像他們學生的孩子，不管可能會有什麼差異性，我事先懇求他們不要只看著差異就下結論，認為他們所看到的，並無法對應至他們身處的世界。我懇求他們，不要停止思考或只是推翻這件事。

相反地，我要他們忽略似乎不適用的內容，並尋找可以實施的部分。針對這些學校實行的方法，你可以採用或改造哪些？

就許多基本和極其重要的層面而言，孩子就是孩子。我工作時走遍世界各地，我發現 PRIMED 六大設計原則在所有地方都適用。自我決定論（Self-determination Theory）告訴

我們，所有孩子（其實是所有人）都有三個基本需求，有時又被稱為人類需求的「ABCs」：（1）自主權（autonomy）——對於自己的人生有一定的控制權；（2）歸屬（belonging）——被照顧和被關心，並成為團體的一員；（3）能力（competence）：價值被重視，並覺得自己做出了有意義的貢獻。當這三個需求被滿足時，人類更有可能興旺，發揮他們的全部潛力。

接著我想來細談思維（mindset）的概念。幸虧有卡蘿・杜維克（Carol Dweck）的著作《心態致勝：全新成功心理學》（*Mindset：The New Psychology of Success*）[9]，這現今已是教育界常見的用語。杜維克和他的同事針對「固定思維」（fixed mindset）、「成長思維」（growth mindset）進行了區隔。前者假設事情不太可能產生改變，後者卻能看見改變的極大可能性，尤其是正向的成長。事實上，研究顯示，幫助資源不足的孩子（他們往往在學校取得較低的成功率）成功的方法之一，是改變他們⋯⋯父母的心態。真的。如果他們的父母能開始相信自己的孩子在學校可以得到好成績，孩子們就更有可能做到。

毫不奇怪，教育者對孩子的心態對於孩子在學校的成功

8　magnet school，憑藉多元或專門的課程來吸引周邊地區學生的公立學校。
9　繁體中文版於 2019 年出版，天下文化發行。

第四章

PRIMED 的六大設計原則

　　我花了許多時間協助教育和心理學的研究生，提供他們建議及指導，這之中的多數人都正在進行一個大型專案，例如：碩士論文或博士論文。他們會聽見我一再反覆詢問，關於他們的「邏輯模型」（logic model），有時又稱為「因果模型」（causal model）。通常，其用意是以圖表展示所描述的變因間之因果關係的邏輯。我要感謝我的同事羅傑・韋斯伯格（Rodger Weissberg），他是學術與社會情緒學習協作組織（CASEL）的創辦負責人，同時是一位心理學家、社會情緒學習（SEL）的思想領袖，他將我的注意力導向邏輯模型之重要性及效用性。

　　邏輯模型是什麼或應該是什麼，有許多不同版本。對我而言，它應該是一個清晰又簡潔的解釋，通常用圖形來表示一個人思考的邏輯中，所影響特定結果或一組結果的因素間的關係。就我而言，我多數的學生們都在學習或設計教育干預（educational intervention），他們的邏輯模型，應該要能

說明他們（1）期望的目標結果（還記得「反向設計」嗎？）；
（2）他們採用的各種干預策略（他們打算採取什麼措施以
產生這些結果）；（3）兩組設定之間的關係，包括令人信
服的理由，說明為什麼干預措施會產生預期的結果。

讓我來舉一個真實的案例。幾年前，我遇到了一位高中
校長，他畢業於我所主持、為期一年的品格教育領導學院
（LACE）。他很高興地向我介紹他的品格教育新計畫，但
在此之前，他想要告訴我，他們在學校內強調品格教育的原
因。

過去他們曾發現一群學生在考試中作弊。這讓某些教師
決定研究高中作弊及學術誠信的動機。毫無疑問地，他們發
現克萊門森大學（Clemson University）的學術誠信中心（the
Center for Academic Integrity）有絕佳的資源。他們很有可能
發現令人懊惱的是，大學和高中裡的學術欺詐行為不僅普遍
存在，甚至氾濫。他們沒有以鴕鳥心態閃躲，而是決定要正
面解決問題。

接著，校長描述了他們針對作弊行為的解決方案。他們
決定致力於精通並實施服務學習（service learning），並以
全面且周密的方式來實行。針對這件事，他們不僅進行了調
查、找出資源，並大量投資教職員的高品質專業發展所需的
資金。他們設計了一個方案，於校園內全面採用並整合服務

基礎）、發展不合宜的課程內容（要小學生面對生死的兩難困境），最後一點則是其有效性缺乏證據。最終，研究顯示它無法實現其目標，而且衰退速度幾乎與它在教育領域中的急速竄起一樣快。

◁ 向前邁出一步，找出有效方法

將近二十年前，針對有效的品格教育，我和梅琳達·比爾（Melinda Bier）提議檢視目前現有的研究。當時還沒有人以系統化方式完成這件事。感謝約翰·鄧普頓基金會的資助，我們發表了《品格教育的有效作法》（*What Works in Character Education*，WWCE）。它揭示了六十九項透過科學驗證有效的品格教育研究，接著尋求結果（品格教育造成了什麼影響？）及方法（能有效實施的常用實踐是什麼？）的模式。這個作品引導了許多教育實踐者及政策制定者利用有效的實踐方法，如今亦然。

在接下來的二十年中，我們更新了研究，因為出現了許多新的研究，也有其他人開始審視現有研究的主體。美國國家學院（The National Academies of Sciences, Engineering, and Medicine）邀請我們為史蒂芬·比奇特爾基金會（S. D. Bechtel, Jr. Foundation）所資助的「品格發展方法研討會」（Workshop on Approaches to the Development of Character）

說明他們（1）期望的目標結果（還記得「反向設計」嗎？）；
（2）他們採用的各種干預策略（他們打算採取什麼措施以
產生這些結果）；（3）兩組設定之間的關係，包括令人信
服的理由，說明為什麼干預措施會產生預期的結果。

讓我來舉一個真實的案例。幾年前，我遇到了一位高中
校長，他畢業於我所主持、為期一年的品格教育領導學院
（LACE）。他很高興地向我介紹他的品格教育新計畫，但
在此之前，他想要告訴我，他們在學校內強調品格教育的原
因。

過去他們曾發現一群學生在考試中作弊。這讓某些教師
決定研究高中作弊及學術誠信的動機。毫無疑問地，他們發
現克萊門森大學（Clemson University）的學術誠信中心（the
Center for Academic Integrity）有絕佳的資源。他們很有可能
發現令人懊惱的是，大學和高中裡的學術欺詐行為不僅普遍
存在，甚至氾濫。他們沒有以鴕鳥心態閃躲，而是決定要正
面解決問題。

接著，校長描述了他們針對作弊行為的解決方案。他們
決定致力於精通並實施服務學習（service learning），並以
全面且周密的方式來實行。針對這件事，他們不僅進行了調
查、找出資源，並大量投資教職員的高品質專業發展所需的
資金。他們設計了一個方案，於校園內全面採用並整合服務

學習。我告訴他，他們在投入及執行上的周密及深度上，讓我留下了深刻的印象。畢竟，服務學習是一種出色的實證教育策略，且一再地證明它對學習及品格發展上，顯著的正面影響。

但我要提出一個挑戰性問題：「服務學習與學術誠信有什麼關聯性？」儘管，針對服務學習的研究顯示出許多積極的結果，但據我所知，沒有一項研究足以證明學術誠信是因為服務學習所產生出的結果。

他們從來沒有設定一個真正的邏輯模型但有一個期待達成的結果：減少作弊行為。他們有一個實施策略：服務學習。但這兩點之間沒有邏輯的關聯性，並且也從未考量所選擇的實施策略（服務學習）和其目標結果（學術誠信）之間的因果關係。他們尋找的是亮點，而不是學術誠信的關鍵／鑰匙所在。服務學習的亮點實際上也是一把鑰匙，只是這把鑰匙無法開啟他們試圖要開的那扇門。

能有一所高中願意直接採用高品質且全面實施的服務學習，當然很不錯，所有學校理當如此。但可惜的是，就像是採用均衡飲食來治癒斷掉的腿一樣。均衡的營養可以帶來許多助益，但卻無法直接治癒你的骨折。

這是一般教育中很常見的現象，尤其在品格教育中。這本書要談論的是瞭解品格教育的關鍵所在，以及如何有

效地加以實施。因此，本書接下來的內容將會仔細地檢視「PRIMED」所代表的六個關鍵或設計原則。

　　一般來說，對於教育中缺乏科學知識的轉移，許多人感到惋惜。這代表關於教育那些有價值的理論及研究，無法被充分地推行實踐。教育者不是不瞭解理論或研究，就是根本不付諸實踐。有時，責任要歸罪於那些學者身上，他們未能讓教育實踐者瞭解其理論和研究，或是以教育實踐者根本無法理解、無以管理的方式去提倡。有時，則要怪罪那些教育實踐者，他們不關心、不吸取或不關注有意義的理論及研究資料，為有效的教育實務提供洞見。他們有時依賴直覺而不是邏輯或數據；有時則純粹是思想過於封閉。

　　價值澄清（values clarification）[10] 是這個領域中一個相當典型的例子。當時 1960 年代，價值澄清是探索學校價值的一種方法，得到了熱切的關注。教育者熱衷於一種未經實證的方法，這正是教育中從眾效應（Bandwagon effect）的一個絕佳例子。價值澄清很快就備受批評，因其抱持著「道德相對論」（ethical relativism）的哲理（欠缺判斷是非的普世

10　強調教導學生一系列價值形成的過程，以預先設計的問答、書寫活動及討論等，協助學生反省並運用理智思考，察覺自己和他人的信念、情感、行為及價值觀。

基礎）、發展不合宜的課程內容（要小學生面對生死的兩難困境），最後一點則是其有效性缺乏證據。最終，研究顯示它無法實現其目標，而且衰退速度幾乎與它在教育領域中的急速竄起一樣快。

◁ 向前邁出一步，找出有效方法

將近二十年前，針對有效的品格教育，我和梅琳達・比爾（Melinda Bier）提議檢視目前現有的研究。當時還沒有人以系統化方式完成這件事。感謝約翰・鄧普頓基金會的資助，我們發表了《品格教育的有效作法》（*What Works in Character Education*，WWCE）。它揭示了六十九項透過科學驗證有效的品格教育研究，接著尋求結果（品格教育造成了什麼影響？）及方法（能有效實施的常用實踐是什麼？）的模式。這個作品引導了許多教育實踐者及政策制定者利用有效的實踐方法，如今亦然。

在接下來的二十年中，我們更新了研究，因為出現了許多新的研究，也有其他人開始審視現有研究的主體。美國國家學院（The National Academies of Sciences, Engineering, and Medicine）邀請我們為史蒂芬・比奇特爾基金會（S. D. Bechtel, Jr. Foundation）所資助的「品格發展方法研討會」（Workshop on Approaches to the Development of Character）

撰寫一篇更符合當代的即時評論（該研討會多數論文隨後都發表於《品格教育期刊》其中兩期）。在撰寫該篇文章時，我、梅琳達‧比爾及布萊恩‧麥考萊（Brian McCauley）決定，不僅要列舉一份清單，羅列當代實證有效的品格教育實踐方式，並且要將 Primed 的六個設計原則當作「小儲物間」，從龐大清單中，將有效實踐分類放入各個設計原則中。

這就是本書其餘部分的組織架構。我將依次採用每項設計原則——首先是解釋並加以證明——接著，描述各種實證的實務，以及支持許多個人實務的案例、軼事及資源。我希望這既是一份概念性指南（Primed 的六大設計原則），也同時是一本實用手冊（與 Primed 六大設計原則相符的特定實務），以便更多教育者及學校可以實施……嗯……品格教育的有效作法。

☍ 打造 Primed 六大設計原則的品牌

我的朋友及同事 Mike Park 是一位市場行銷及品牌專家，也是 Primed 六大設計原則的忠實粉絲。他建議：Primed 六大設計原則中的「P」所代表 Prioritization（優先考慮），可以解釋為兩個層面的意義。第一，是將品格教育作為學校的優先重點。其次，它特別指涉的是將另外其他的五項設計原則中的每一項，都當成有效實施品格教育的優先事項。因

此，每一個字母都應該要大寫，但「P」應該要更大一些。因此，寫法就變成「PRIMED」。

PRIMED 六大設計原則的概述

在這本書的一開始，我列出並簡單地描述 PRIMED 六大設計原則，不過讓我在此簡略地回顧一下。「PRIMED」代表有效的品格教育之六項基本設計原則，這些原則並不代表特定的實踐方法，而是更大層面的關注重點，具體的實務方法列於這六項原則的範疇之中。

如前所述，「PRIMED」之中的「P」代表優先考慮。一般情況下，它是關於如何造就品格教育，特別是其他五項的設計原則，成為學校所有一切和所有作為的真正優先考慮。

「R」代表的是「關係」，關係是良好學校的基石及要素，特別是針對品格教育及其發展。這些關係不僅需要刻意經營，也要存在於校內所有關係人之間。

而「I」代表的是「內在動機」。品格教育如果要有效，就必須成為個人的內在動機（Intrinsic Motivation），而不是因為可以帶來獎勵或大眾認可。因此，「I」也可以代表內化（internalization），也就是說，將我們期望的品格結果從學校轉移到孩子的心，使其成為孩子自我認同的基礎，實實在在成為孩子在這個世界上「存在的方式」。

有效品格教育的 PRIMED 六大設計原則

Prioritization 優先考慮	讓品格發展教育成為學校在使命、願景、政策及實踐上，都真實可信且顯著的優先事項。
Relationship 關係	刻意和策略性地在各個關係人群體的內部和彼此間，培育健康的關係。
Intrinsic Motivation 內在動機	培養品格的內化和對於「成為有品格的人」養成內在動機，避免外在動機。
Modeling 示範	針對你想要學生發展的該項品格，所有成人和其他角色榜樣都能具體表現並作為學生的典範。
Empowerment 賦能	創造一種文化和治理結構，賦能給所有關係人，藉由邀請他們發聲，聆聽這些聲音，並認真考量他們所表達的想法，每個人因而都有可能產生重大的影響。
Development Pedagogy 發展式教學	在教育哲學及實踐上，採納一種發展性觀點，藉由有助於學生長期學習及品格發展的方式來教育他們。

　　而「M」所代表的是「示範」。校方需要確保所有進入學校或以其他方式與學生互動的學校工作人員和所有其他成人，例如：父母或社區相關成員，都可以體現校方希望學生培養的品格。這也包括同儕角色榜樣，例如：年級較高的學生。學校文化及構成學校的各種實踐方式也同等重要。無論是好是壞，一切事物都能作為學習榜樣。

而「E」所代表的是「賦能」。學校是我們培育未來公民的地方，他們將維持並強化民主。我們的孩子如果從未經歷過民主過程、沒有經歷成為貢獻社會之一員的責任，他們就無法為公民身分的要求做好準備。不幸的是，學校更像是慈愛的獨裁政體，而不是民主政體。此外，如果我們想滿足人類對自主性的基本需求——包括相信我們可以影響自己的人生之路，並積極影響周遭的世界——現在便需要為這些學生們的聲音騰出空間。

而「D」所代表的是「發展式教學」（或是「發展觀點」〔Development Perspective〕）。如我們所知，孩子及他們的品格以緩慢的速度發展。如同一位幼稚園教師所說：「成長是緩慢的，需要花上許多時間。」要設計我們的學校及教育實踐，需著眼於長期發展的成果，並辨別哪些實踐方法有益於人類長期發展，而哪些不僅無效，且實際上還會加以破壞。

當深入檢視這六項設計原則中的每項內容時，我們會確立其中的子類別，並且在所有子類別中指出具體且有實證基礎的實踐方式。本書的其他章節將致力做到這點，且一項一項地說明這些設計原則。

接下來的每個大篇會說明六項設計原則中的一項，並且以類似的結構呈現。基本上，我們會針對設計原則加以解

釋，接著是介紹並解釋如何實施該設計原則的實證方法。六大設計原則的概述如 P.73 表格所示。每項設計原則的具體資訊在各章節文末，以自我評量表單的形式呈現。

PRIMED 的
六大設計原則之一

品格教育為優先
（Prioritization）

第五章

優先考慮品格教育的意涵

在探討法蘭西斯豪威爾中學迎向卓越品格教育旅程的影片中，校長艾咪‧強斯頓表示：「你知道嗎？他們也許在科學、語文以及數學方面表現得並不出色，但如果他們在品格上表現傑出，那麼你便已做到你的職責所在了。」他是認真的。在他的學校裡，他將品格放在第一位。

然而，令艾咪‧強斯頓許多學校領導同仁感到驚訝的是，將品格放在第一位的作法，不僅讓學生在品格及行為方面取得了令人矚目的成就，也讓他們在「科學、語文以及數學」得到了亮眼的成績。在州立的學術考試中，他的學校成績遙遙領先該學區的其他中學……正是因為他真正優先考慮的是學生的品格發展。

在接掌瑞吉伍德中學（Ridgewood Middle School）之後，校長克麗絲汀‧佩爾斯特（Kristen Pelster）本著這樣的精神，在面試教學職位時，只詢問與關係和班級管理相關的問題，而從不詢問教學專業知識。品格和文化，正是他優先考

慮的要點，因為他知道它們能帶著學校走向成功之路。他的學校，從原先的一場惡夢（多項的行為問題和低落的學業成績）變成了美夢（行為和學業成績的顯著改善）。

　　儘管「關注學術成就」與「關注品格發展」之間經常有一種矛盾，但卻也有強而有力的證據顯示，這兩個教育目的間存有協同作用。我常喜歡說：「良好的品格教育就是良好的教育。」我和傑克‧班寧加（Jack Banninga）一同研究了位於加州的一百二十所小學，我們發現重視品格教育，關係到是否能獲取更高的州立考試成績。同時，我們的「品格教育的有效作法」中的許多研究也顯示了相同的狀況。對此研究結果，學術與社會情緒學習協作組織（CASEL）也進行了多次大型審查，並展示了這一點。品格優質中心（CharacterPlus，位於聖路易斯地區的品格教育組織）進行了多項大型研究，顯示他們提出的「品格優質模式」（CharacterPlus Way）具有品格及學術上的助益。這個可以佐證的清單仍持續在增加中。

　　證據清楚地顯示：「良好的品格教育就是良好的教育」，優先考慮品格教育，並不會減損學業成就，反而能產生顯著提升。

　　發展研究中心（The Developmental Studies Center，現在轉型為「協作班級中心」〔the Center for the Collaborative

Classroom〕）針對其示範性的「兒童發展計畫」（Child Development Project，現在為「關懷學校社群計畫」〔Caring School Community Program〕）進行了一系列研究。在美國各個不同區域，他們發現對於品格及學業產生廣泛且持續的正面影響。然而，他們也發現唯有學生開始將自己的班級和學校視為關懷社群的情況下，針對他們的品格教育進行全面性實踐（例如：班級會議、合作學習、發展式紀律、建立全校性社群以及參與度高的家長等）才會產生有益的影響。學生感知自己的學校及班級是一個充滿關懷的社群時，這不僅是品格教育的成果，也是品格教育產生正向影響的媒介，可促成其他理想的結果。當孩子們感到安全，他們有了歸屬感，並且認為其他人將自己的最佳利益放在心上時，他們就會重視學校並與學校建立關係。與學校建立關係的孩子在學業及社交上，便能有更好的表現。他們專心一致，他們不會搞破壞，並且更努力地學習。此外，他們對學業成就有更高的抱負和期望，這是成長思維的一個重要特點。

換個角度來看，這一切似乎都如此顯而易見。如果孩子們去學校時害怕被霸凌，覺得自己有如車輪上的一只齒輪，感知成人們更像是看守人，而非培育他們的教師，那麼他們將無法集中注意力，無法全然投身在繁雜的課業上。在這裡需要強調的是，那些感到不安全的孩子（我們在此所定義的

不安全，也包括身體上、情感上、文化／種族上以及智力上等多方面的不安全），除了學業成就外，還有面臨更多的風險。正如教育哲學家喬安‧佛萊伯格（Joanne Freiberg）在私人的交流中，清晰而令人信服地指出：

> 虐待、忽視或放任環境中長大的孩子……將面臨生死存亡，這個說法一點也不誇張，顯然要看環境對他們來說有多安全。這些孩子需要獲取高度的支援，如果沒有達到某些標準，他們將會成為我們試圖避免的統計數字之一……經歷創傷的孩子，包括在他們的家庭及社區中的種族創傷（以及那些從未聽過「不」這個字，任性而為的孩子們）需要體驗一種不同且更好的「正常」。他們需要脫離這些環境才得以喘息，也才有機會茁壯成長。

心理學家安琪拉‧達克沃斯（Angela Duckworth）在他的暢銷著作《恆毅力：人生成功的究極能力》（Grit）[1] 談論到，恆毅力的品格特質是通往更高成就的途徑，大多數人認為這只是意味著更努力地工作並堅持更長時間。然而，他對恆毅力的定義，是充滿熱情的堅持不懈。換句話說，孩子

1　繁體中文版於 2020 年出版，天下雜誌發行。

們需要對學校的課業充滿熱情，這意味著他們需要有認真學習並堅持下去的動機。營造一種充滿信任、安全及愛心的文化就是很強大的動力。事實上，這就是存在的核心——最終也是品格教育中行為的核心。

我經常告訴校長們，我可以輕易地提高學生們的學科考試分數，只要讓學生們在考試當天真誠努力就好。只要睡一頓好覺、吃一頓豐盛的早餐，到學校時一心想要在考試上取得好成績，接著集中精力，在考試時努力做到最好。然而，要讓他們真正做到這一點，他們必須熱愛自己的學校。對於大多數年紀較年幼的孩子來說，他們可能真的熱愛學校，這點相對容易實現。他們也可能已經做到了。所以你只要說，「嘿，小朋友們，我們大家都喜愛優秀的米奇曼托小學（Mickey Mantle Elementary School），對嗎？」（我從小就是紐約洋基隊的球迷，而米奇正是洋基隊的代表）[2]。所以明天來的時候，考試時請盡自己最大的努力，因為這對優秀的米奇曼托小學來說真的很重要喔！」而且，他們之中多數人都可能會這樣做。

但在任何一所中學或高中的青少年身上，你嘗試看看同樣的方法。祝你好運。數據顯示，青少年對自己的學校缺乏熱情——而且理由相當充分：很多中學及高中的設定架構都不是為了幫助學生發展。在人生之中的某個階段，他們需要

　　　　　　　　　　　　　品格教育

的是更多而非更少的積極參與，而上課的方式往往讓他們很大程度上，成為被動的學習者，在一天之中的大部分時間，不得不被動聽取教師對他們授課。然而，如果有效的品格教育確切實行，例如：遵循了 PRIMED 的六大設計原則，即使是青少年也可能會享受上學，甚至可能與學校產生情感上的聯繫，或是愛上自己的學校。

許多來源都記錄了瑞吉伍德中學的狀況，包括《今日美國》（USA Today）報紙也刊出滿版的文章，在此我就不詳細介紹。亦即，瑞吉伍德中學透過品格教育的施行，只用了六年時間就從一所各方面都遠遠落後的學校，搖身一變成為國家品格教育學校（The National School of Character）。在這個過程中，他們達到州立共同標準的學生比例，從數學達 7%、語文達 30%，分別上升至 70% 左右。其中他們所做的最大改變之一，就是優先考慮品格教育。另一個有趣的插曲是，提姆・克魯奇利（Tim Crutchley）和克麗絲汀・佩爾斯特組成的行政團隊，在實行的前三年甚至刻意不採用「品格教育」這個用語，並著手打造一種新的存在方式，強調關係、信任，並以兒童為首要中心。而後才以品格教育命名。

我們也能針對成人文化提出類似的論點。當教職員喜歡

2　在此是指曾效力於紐約洋基隊的傳奇人物：米奇・曼托（Mickey Mantle），於 1974 年入選名人堂，生涯中的十八個球季都效力於洋基隊，贏得三座美聯 MVP、入選十六次明星賽。

在自己的學校工作時，覺得自己是積極的成人社群一員，並且信任他們的校長、信任彼此時，就會更加努力工作，更加關心學生及教育他們。因為領導者正在為教職員示範如何樹立榜樣，並且一起前進，另一方面，教職員也會做類似的事情，在學生身上培育人類良善的興旺，這也有助於他們得到學業上的成就。安東尼・布里克（Anthony Bryk）與芭芭拉・施奈德（Barbara Schneider）的著作《學校裡的信任：改善的核心資源》（*Trust in Schools: A Core Resource for Improvement*，中文書名暫譯）中清楚地顯示，教職員之間的關係信任程度，可提高學生的學業成績。

這是另一個好例子，足以說明學校成功及學生興旺的關鍵，可能不是在你所預期之處得見。許多人完全沒有想到要將成人文化視為品格教育的核心，當然也不會認定是提高學業成就的關鍵。但我們一次又一次不斷地發現，這就是培育學生人類良善的興旺，以及他們的學業成就最可靠的關鍵之一。

簡而言之，品格教育及學術教育不是零和遊戲[3]的一部分，賽局中的一方要獲益只能透過犧牲另一方作為代價。更確切來說，對兩方而言，都還有機會。忠誠的品格教育者們經常引用一句話，且現在證明是正確無誤的說法；「品格教育並不是盤中多出來的東西……它就是盤子本身。」

　品格教育

（Character education is not something else on the plate...it IS the plate.）它正是堅實的基礎，一切都仰賴它而得以建立。

聚焦於品格教育不僅是一種道德義務（修復世界），也不僅是促成人類進步的一項永恆工程，它還是支撐著學校教育的另一個首要目標，即學術學習。

✂ 真實性

思考品格教育中真實性所面臨的挑戰，有兩種方式。首先，是詢問品格教育是否是首要優先事項（理想情況下，是居首位的），還是「衍生性」的優先。品格教育的價值來自學校所固有的，或是因為學校所引起、多半與之相關的其他因素，例如：提高考試成績或是減少學校的混亂情況？換句話說，品格教育本身是一個有真實價值的目標，還是只作為實現其他目標的手段？

到了現在，你早已知道我的答案：品格教育，應被理解為一個必要的目標──在我看來，是學校教育最重要的目標，並且在家長對孩子的親職教育上也是如此。在實現其他重要教育目標（例如：課業上的學習）的可用方法中，它恰好是最理想的一種。正如我所說的，「良好的品格教育就是

3　zero sum game，稱為「零和遊戲」，又稱「零和博弈」，為博弈論的概念之一，指參與雙方在競爭下，某一方的收益必然造成另一方的損失，利益總和是不變的。

良好的教育。」

　　很久以前，我的同事賴瑞‧努奇（Larry Nucci）曾警告過我，不要提倡品格教育能提高學業成績的這種論點。如果我們實施品格教育，是為了提高考試成績（或學業成就的其他指標），那麼品格教育就不是真實的優先考慮事項了。相反地，它只是一種為了達到目的的手段，而不是目的本身。將品格教育簡化為一種得到學業成就的手段，培育人類良善的興旺這件事，就會以最大限度地降低重要性。此外，如果因某些原因，品格教育的學術回報不如某些人所預期的迅速或顯著地產生，而這是我們做這件事的主要理由，有些人便可能會開始覺得為了培育良好品格所做的一切努力不值得。因此，我們必須重視良善的培育，單純因為良善很重要。

　　對於學校是否優先考慮品格教育的真實性，第二項考驗中，要提問的問題是，當我們宣揚「品格教育是我們的最高優先事項」，行為實踐是否和我們宣揚的一致。這讓我們回到艾吉里斯及尚恩針對「信奉理論」和「行動理論」的區別。正如我們不久將會看到的，在討論優先考慮的有效實踐時：顯示優先考慮品格教育的第一步事實上會是修辭優先，宣稱它是一個優先事項並加以談論。許多學校及學校領導人士都聲稱自己重視品格教育。對於這之中的某些人而言，自己的行動足以支持這個說法。但對於其他人來說，這些話卻空洞

虛假。他們有可能知道，也可能不清楚，但無論如何，他們的話掩蓋了自己真正優先考慮的事項。換句話說，在這些情況下，他們對品格教育的優先考慮是名不副實的。

如果學校想要成功完成學術教育，並同時培育出未來負責任的公民，特別是在培育人類良善的興旺這方面更廣泛的使命，品格教育應該不僅是一個真實的優先事項，也必須就是優先事項。

有五種優先考慮實踐的方式，其中每一項都將會於各章節中單獨提出討論：（1）修辭；（2）資源配置；（3）學校風氣／文化；（4）結構；（5）領導。每種實踐方式也列於第二篇關於優先考慮文末的表單中，各位可以藉此瞭解自己在各種實踐方法中的表現，確認想要加強哪些部分，與同事們討論，並安排各種行動措施等等。

第六章

讓品格教育成為優先：
修辭優先

　　讓品格教育成為優先的一種常見且關鍵的方式，是我們談論學校及孩子使用修辭的方式。這套實踐方法便是修辭優先（Rhetorical Prioritization），在修辭上優先考慮品格，與其相關的不只是如何談論品格教育。即使我們討論了，有些學校也會迴避，甚至認為不應該實行品格教育。有些學校思考品格教育甚至加以實行，卻很少提及或完全不談論。還有另外一群人經常掛在嘴邊談論，儘管他們可能會、可能不會實行，或不會有效地實行。在修辭上優先考慮只關乎我們說的話語。我們的行動則會在其他優先考慮的元素中（以及所有其他 PRIMED 的六大設計原則）討論。

　　「談論」（同時指言語及書面形式）通常是學校實行品格教育之旅所採取的第一步。有一個人們用來取笑品格教育的貶義詞，就是說它不過是「貼在牆上的名詞」。許多學校急於購買或製作以品格為重點的海報及其他圖像，並引以為

傲地懸掛在走廊上、教室裡以及像是自助餐廳或體育館等公共空間。他們甚至會將與品格和品格教育相關的資訊放在學校門前入口的標誌牌上、在文具上以及在他們的電子「門面」上，例如：學校網頁。用這種方式來宣傳品格優勢、美德、價值以及品格教育，並沒有什麼錯誤。事實上，這是一種實證上的實務，否則我們在此就不會說明這件事了。

然而，我建議將這種以品格語言優先的修辭強調（rhetorical emphasis）視為一支螢光筆。這支筆所強調的是某些價值、某些實質性並且是早已存在的事物。如果一個人只是在空白頁上劃重點，那根本毫無意義。同樣地，品格教育修辭，所應該要強調的是學校對品格教育的承諾（commitment）及實施（implementation）。如果只是純粹地宣傳品格的重要性，除此之外毫無作為，那麼修辭強調就像在空白頁上劃重點一樣毫無意義。因此，修辭強調作為第一步，實際上可能不得要領。

事實上，它還可能造成傷害，特別是對青少年。青少年無需外力影響就會對世事抱持懷疑態度、甚至憤世嫉俗。宣稱學校是一所「品格學校」，或者宣稱我們重視「尊重、負責及關懷」，但學校卻只有低弱的（又或是一般平均水準）校園文化，存在如霸凌、不尊重及普遍不關心他人福祉，常見的狀況是不斷衍生的憤世嫉俗。孩子們，尤其是青少年，

就像是偵測虛偽的蓋格計數器（Geiger counter）[4]。他們絕對可以探知到。事實上，孩子們正在尋找成人跌倒，讓他們看起來不像自己認為的那樣成熟及良善。這是青春期的旅程及職責之一，在心理層面確立自己和成人一樣成熟、平等，甚至青出於藍。想要製作出受到青少年甚至小孩會歡迎的電視節目嗎？只要讓節目裡的孩子角色比成人角色更聰明即可。這將會成為熱門節目。成功的箇中祕訣，一直是如此。

在許多方面，以修辭來宣揚品格教育，是我們之前提及的信奉理論。這就是我們所公開宣稱的事，無論我們是否有這樣做，而這可以用多種形式來呈現。如果我們口口聲聲宣揚某件事，心裡卻不是真誠地這麼認定，那麼就是蓄意的偽君子，並會因而感到內疚。但很多時候，我們所信奉的和所做的之間的分歧，並不是因為故意欺騙。相反地，正是因為我們沒有看見自己的主張（信奉理論）和實際的作為（行動理論）之間存有差距。我們認為在自己真正從事的事情中優先考慮了品格教育，但對於事實並非如此卻盲目不見。而這個情況比想像中更為普遍。

當人們一旦有了實施步驟的「行動理論」在進行中，例如：建立正向的學校文化，那麼就該使用修辭優先的這支螢光筆了。當沃爾夫岡・阿爾特霍夫在瑞士建立數個品格教育學校時，他敦促這些學校，等到他們充分發展出學校的一些

新措施後，再寫下其使命宣言。他的理由是：「如果你需要寫下已經形成的共識，要找到合適的語詞就容易多了。」那可以怎麼做呢？這個問題非常簡單，比我們將討論的其他多數策略和設計原則要簡單許多。修辭優先如此普遍的原因之一，是因為它相對容易實施，無論是在表現優異的品格教育學校，或是在較少培育良善的興旺的學校。

或許，最常見的第一個優先步驟，是針對命名達成共識，並盡可能地強調這系列的「核心價值」、「品格優勢」或「美德」，（在本書中這些用語可相互替換使用，就這點上，先對我的哲學家同事們說聲抱歉）。這些就是你的「貼在牆上的名詞」。它們為你提供一種通用的語言，而這是一項重要且有助益的成就。「品格教育組織」將他們「學校的十一項原則框架」（11 principles framework for schools）中的前三項原則稱之為核心價值（core value）。它的第一項原則，將良好品格定義為「瞭解、關注核心道德價值，並為其採取行動。」（understanding, caring about and acting upon core ethical and performance values）當你的學校或學區一旦開始著手選擇你的目標核心價值，你就會面臨重要的問題及決定。其中包括：

4　能偵測游離輻射的粒子探測精密儀器。

- 核心價值從何而來？
- 誰該參與核心價值的選擇，或誰能投入核心價值的選擇？
- 我們應該採用幾項核心價值？
- 當我們有了這些核心價值後，將如何對應？
- 這是我們的第一個步驟嗎？

我們逐一地來應對這些問題。

這些概念從何而來？

選擇有很多，包括不採用任何一種的核心價值／優勢／美德。請記住，品格教育是一種存在的方式，而不是一種說話方式。因此，也可以只決定實踐品格，而不是創建一組概念性清單。但是，擁有一組品格概念，對組織概念及指引，往往有很大的幫助。這些品格概念基本上來自三個方向：第一，透過學校或學區的歷史傳承下來；第二，由個人或團體選擇出來；第三，採納現有的框架或模式，例如：「品格很重要」（Character Counts）教育系統所列出的「品格的六大支柱」（Six Pillars of Character）或是正向心理學中的「二十四項品格優勢」（24 character strengths）等等。

學校的十一項原則框架：培育品格文化之指南

原則 1	核心價值應該被定義、實施並且融入學校文化。
原則 2	學校應全面性地定義「品格」，包含思考、感受和行為。
原則 3	學校應採用廣泛、刻意且積極主動的方式來發展品格。
原則 4	學校應創造一個關懷的校園。
原則 5	學校應提供學生道德行動的機會。
原則 6	學校應提供有意義、具挑戰的學科課程，課程尊重所有學習者，發展他們的品格並幫助他們成功。
原則 7	學校應培育學生的自我激勵。
原則 8	所有教職共享發展、實施及示範品格的責任。
原則 9	學校的品格行動應具有共享領導及長程支援以持續改善。
原則 10	學校應邀請家庭和社區成為夥伴並參與他們的品格行動。
原則 11	學校應定期評量品格教育的實施，學校的文化與風氣，以及學生的品格成長。

資料來源：經「品格教育組織」許可使用。

　　為了在這些選項中做出選擇，我們要檢視三個關鍵的考量因素：所有權（ownership）、合乎哲學的正當性（philosophical legitimacy）以及學校世代相傳的特性（the generational nature of schools）。

　　對於自己具有所有權的物品，人們往往會更認真照顧。畢竟，你上一次租車時幫忙更換機油，或在酒店房間移動傢俱、打掃是什麼時候？在品格概念和品格教育計畫中，讓關

係人打造自己的核心價值，可以增加這種所有權的感覺。這也是第五項設計原則「賦能」的例子之一。

有一些很棒的模式，其中包括透過審查的價值清單（請注意，我使用「價值」這個語詞來表示價值、美德、品格優勢，或者任何一組人們想稱為核心品格概念的事物）。這些模式都非常值得參考採納。然而，我所要建議的是，經過一個過程來檢視並確認模式既有的清單，而不是不假思索地接受。這可以提供一種擁有感，甚至以接地氣的考量來調整。或許，你會在既有清單中添加一些概念，或是刪除一或兩項對參與審查過程的學校關係人而言，似乎不那麼有吸引力的項目。或者針對其中部分或全部，採用對自己的群體而言，會更自在的同義詞。然而，多數此類的清單，都同時附帶建議課程或教學單元等。刪減這些課程的部分概念可能會造成混淆。所以檢視這些用語如何與關係人的個人故事產生連結、並對其加以確認的過程，就關係人的支持來說是至關重要的。幫助關係人命名自己的個人核心價值，不僅有助於確立學校真正的價值，也同時為學校奠定堅定的文化基礎。此外，就算只選用了一些語詞，也不一定要採納其中的建議課程。

同樣重要的一件事是，無論這些概念來自哪裡，確保它們能通過哲學或倫理的考驗。它們真的都代表毫無疑問的

善？是否應該擁有並發展它們？進行一個公開的流程來確保這一點，甚至請哲學家協助，都會是個好方式。

　　許多年前，社群主義運動（the Communitarian movement）的創始人阿米泰・伊茲歐尼（Amitai Etzioni）邀請我合作撰寫一篇關於品格教育的論文。他認為核心價值應該由在地的社群來進行決策。畢竟，這正是社群主義（communitarianism）的核心。我反駁表示，並非所有社群都是明智的，或甚至是道德的。我們是否會希望某些應受譴責的社群，有正當理由挑選種族主義、仇外心理及性別歧視等概念？全世界都有固執己見的社群。他聽到這個論點，仍然同意讓我使用普世道德的表達方式。但可惜的是，對社群主義願景的信奉最終還是促使他推翻了這一點。他將這篇論文拋諸腦後，取而代之的是更一致性的社群主義觀點，其中排除了普世或哲學標準裡，針對挑選價值的可能性。

　　當我住在威斯康辛州時，我也遇到了同樣的問題。州立教育部們發表了一份立場文件（position paper）[5]，其中談及兩件不相容的事項：第一，他們相信普世價值；第二，每個社群都應該選擇自己的普世價值。對於這種悖論，我感到相當震驚。與此同時，在威斯康辛州，有很多白人至上主義背

5　用來闡述自身學術論點的一種文章類型，主要用於陳述當代思想或議題，並捍衛特定問題上的立場。

景的媒體，開闢了自己的城鎮，宣自己獨立於美國體制。他們教導自己的孩子暴力、種族歧視以及仇恨。我們是否希望他們選擇自己的價值，也許更重要的一點是，我們在道德上是否應當視這些價值與其他所有價值一樣平等，只因為它們是「共同」的選擇？

值得注意的一點是，當學校、社區，以及所有學區確實地選擇一套價值時，這些價值往往都是合乎法理、符合倫理的。我發現，任何一份清單中往往會涵蓋的五個相似版本，是尊重、責任、公平、誠實，以及同情心。這些也同時是「品格很重要」（Character Counts）教育系統的「品格六大支柱」（Six Pillars of Character）及全球倫理研究中心（the Institute for Global Ethics）的核心概念，兩個單位都以更廣大的支持者來確立他們認定的普世價值。

我們希望學校社群的成員們能與這些價值產生連結，在理想情況下，他們也能產生共享的擁有感。那麼它們是合理的價值。但是，即便我們做到了這件事，我們也必定得瞭解學校是世代相傳的組織。我的意思是指群體的增長及移出，這在孩子們身上最清楚不過了。在小學（K-5 elementary school，美國學制指幼稚園至小學五年級），每六年就會有另一群不同於六年前的全新群體。在一般的中學（middle school，美國學制指六年級至八年級）為每三年一次，一般

高中（high school，美國學制指九年級至十二年級）則是每四年一次。

不僅是那些孩子，教職員也有較不規律的離職狀況。學校管理者時常為學校的價值用語而苦苦掙扎，卻不知道它們的起源為何。在學校的歷史節奏中，一個較為明智的想法就是建立針對這些價值的定期審視。至少在小學中每六年一次，在中學每三年一次，在高中則是每四年一次，以此類推。你應該要有一個重新審視價值的程序。或許這是一個「重新啟動」的程序，可能也是一個社群「重新認真考慮」的程序。即使這程序最終導向的決定是維持原樣（這是最常見的一種結果），它仍提供了現今組成學校社群的這群人發言權和所有權。這讓新的教師和學生們有機會主動命名並分享自己的核心價值，光是讓他們可以反思如何適應學校價值就是一件有助益之事。

誰該參與核心價值的選擇？

如「品格教育組織」的第一項原則指出，這應該是一項公共的程序（communal process）。我希望包括學生在內的所有學校關係人，都有發言權——或者，至少所有的關係人團體在該程序中都有可勝任的代表。當亞維絲・格拉澤擔任加拿大安大略省（Ontario）一個學區的負責人時，他決定採

用公共程序來選定一組核心價值。他不僅邀請了傳統的校方關係人團體（例如：校方行政管理、家長，以及教師）的相關成員，更是邀請了一群更廣大社群的成員，例如：媒體、神職人員、政府以及執法部門的相關人員。大約兩百人，用了三個晚上的時間，一同設法克服彼此的分歧及語義上的細微差異，最終為他們的學區內各個學校制定了一組共有的核心價值。

有許多優秀的資源有助於指導這樣的一項程序。品格優質中心有一套長期使用的、有實證的、廣泛使用的程序，在他們的「品格優質模式」（CharacterPlus Way）中有詳細的描述。在他們共同著作的書《構建一種有意識的學校文化》（*Building an Intentional School Culture*，中文書名暫譯）中，查爾斯・艾爾博特和大衛・富爾頓（David Fulton）描述了一個非常系統化的程序。此外，「品格教育組織」在他們建立的「學校的十一項原則框架」（11 principles framework for schools）中的第一項原則提供了許多範例，湯姆・利科納幾本討論品格教育的著作也是。

＜ 我們應該採用幾項核心價值？

針對這項問題，並沒有明確的答案。我見過各種情況，從一項核心概念都沒有，到只有一個核心概念，甚至多達

四十個「本週品格名詞」的結構。關懷學校社群（Caring School Community）並沒有設立一套核心價值。密蘇里州韋伯斯特格羅夫斯區（Webster Grove）的布里斯托小學（Bristol Elementary）之前只有一項核心價值：和平。湯姆‧利科納所成立的「第四和第五個 R 研究中心」（The Center for the 4th and 5th Rs）有兩項核心價值：尊重（Respect）及責任（Responsibility）。菲爾‧文森（Phil Vincent）提議增加「關懷」這一項，將其擴大至三項核心價值。我知道許多學校有四項核心價值。「品格很重要」教育系統則有「品格的六大支柱」。英國品格與德行銀禧中心，則是列有八項的「騎士美德」（Knightly Virtues）。許多學校列有九項核心價值，因此能於學年之中的每個月專注於一項。美德計畫（The Virtue Project）這個組織則列有一百項核心價值。

我喜歡核心價值少一些，因此我們就能更清晰且更深入地處理它們。而且，人們實際上就更容易地記住，並在需要時實行。有時，這種作法有助於讓價值數目與學校某些特徵維持一致，例如：年級的數目。如果一所中學有三項核心價值，那麼校方就以一整年的時間專注於一項核心價值。然而，我也認為，人們也應該留心關於發展（年齡）的考量。太多的概念可能會讓五歲、六歲及七歲的孩子被壓得喘不過氣，因此簡短的核心價值更為理想。

順道一提，設立學校及班級規定也是同樣的道理。我知道有一所學校只有這樣的一項規定：「永遠在對的地點、對的時間，做對的事情。」就這樣。凱瑟琳・溫澤爾（Kathryn Wentzel）針對中學的研究顯示，規定越少，學習能力及品格就會越好。這是值得思考的一件事，也會是教職員一個很好的討論議題。我們學校的應該要有幾項核心價值才對？為什麼當班級的規定越少，卻有越好的學習成績及學生表現？我們要如何應對這件事？

✂ 當我們有了核心價值後，將如何對應？

好吧，要應對之事很多。以下是增加複雜性的一組步驟，在選擇了核心價值後，就能採用這些步驟來讓價值深植於學校的文化。

首先，定義這些核心價值。理想情況下，就像一開始選擇核心價值一樣，定義這些核心價值也應該是公眾程序。美國紐澤西州有一所小學採用了一種 360 度的變項評估。學生、家長，以及教師，分別就他們的六大核心價值制定了三套定義。接著，他們打造了一個三摺的品格報告卡，其中一頁列有學生的定義，一頁列有教師的定義，另一頁則是列有家長的定義。教師採用教師定義對學生進行評估，而家長以家長定義來評估自己孩子。此外，學生也使用學生定義來評

估自己。無論用什麼方式定義，定義本身都應該楚、明確，並對兒童友善。

一旦你定義了這些價值，就應該要讓它們廣為人知。當然，這包括透過修辭優先的方式來加以宣傳，但也包括對它們加以研究，如此就應該能進一步在概念上應用這些核心價值；例如：透過分析文學、藝術、歷史，及運動等，來檢視價值在哪裡體現以及如何體現。

在定義這些核心價值之後，將它們制定於行為準則，可能有所助益。換句話說，就是針對每項價值在實際行為上的樣貌產生共識。尊重該是什麼樣子？關懷或公平該是什麼樣子？這可以是通用的，也可以用各種方式來加以區分。例如：學生對教師、學生對學生、教師對學生等情況的尊重會是什麼樣子？在走廊上、教室裡、洗手間、學校餐廳、球場上的尊重又是什麼樣子？然後，針對缺乏核心價值的行為也用同樣的方式，那麼，不尊重會是什麼樣子呢？當然，無論是在學區、學校或是班級的層級，讓它成為公眾程序是最為理想的。

如同我先前所建議的班級（或學校）規定一樣，不管用什麼方法，最好傾向於積極正向，並遠離消極負向。然後，在定義並制定行為準則之後，創建一個行為規範（rubric）就是一個好主意。類似像這樣的行為規範，我第一次看

到是在科羅拉多州的科倫拜小學（Columbine Elementary School），這是一所較早成立的國家品格學校（附注：科倫拜花〔Columbine〕是科羅拉多州的州花，所以這個名字廣泛使用就也不足為奇）。在他們的案例中，教師為他們的六個核心概念的每一個都創建了不同等級的行為規範。在其他學校，更多的關係人社群，其中包括學生，參與了制定這樣的行為規範。然後，學生熟悉行為規範並瞭解在每個概念上不同層次的行為準則。什麼是理想的誠實，還有為什麼有人可能做不到呢？這是一個強而有力的方法來學習核心概念，並因此擁有一套有意義的概念來處理不良行為。當一個學生的行為不夠尊重或負責時，關於該行為問題的對話就可以集中在衡量它是否符合規範。你的行為在規範的哪個地方？你需要做些什麼才能更加尊重／負責？學習了規範之後，他們通常可以評估和嚴格地分析自己的行為，並提出更好的替代行為。這對發展式紀律（或任何具啟發和有效的紀律）非常有幫助，我們稍後會討論發展式紀律。哥倫拜小學的發現在某種程度上證明了這種力量，學生們把行為規範帶回到他們的家中，而父母也有所學習。最終，目標是讓這些概念能深植在學生和學校所有其他關係人的頭、心和手，並在生活當中應用它們。僅僅透過研讀、展示和分析這些概念來「瞭解」它們（品格的「頭」）是不夠的。本書的大部分內容，尤其

是內在動機部分，將會探討如何做到這一點。

⋘ 這是我們的第一個步驟嗎？

這是一個有趣卻棘手的問題，而且被詢問的頻率不夠高。你可能會假設應該從核心價值起步，畢竟這是「學校的十一項原則框架」的第一項原則。然而，正如法蘭西斯豪威爾中學關於品格的影片中所記錄下的，當校長艾咪·強斯頓開始這趟品格教育之旅時，他認為第一步應該是核心價值，但這確實取決於你的學校在很多相關因素中的情況。許多法蘭西斯豪威爾中學的教職員強烈反對（這是誰的核心價值？為什麼它們是我們的核心價值？），這導致教職員們針對自身的價值以及成為品格教育者的意義進行了長達一年的討論。正如艾咪所言，他（明智地）將應該要採納哪些價值的問題擱置一旁，同時也讓教職員試圖去處理這個教導學生品格的艱難命題。他們（也一樣明智地）意識到，為了要教導品格，他們必須成為有品格的人，可以理解這讓他們之中有許多人感到害怕。他們將最初挑選價值的重點束之高閣，改以試圖處理教導品格並示範品格的艱難任務，後來又再回到了核心價值，動用了整個學校的程序，花了將近一年的時間來確立四個核心價值。

如今，儘管艾咪已獲得品格與公民教育的博士學位，並

且是「品格教育組織」「十一項原則」的國家及國際培訓師和評估員，但他建議學校的校長們，在啟動挑選核心價值的程序之前，自己要先致力於建立學校教職員的文化，如同法蘭西斯豪威爾中學的作法。

我建議，根據你的特定情況來開展如何針對各項步驟進行排序的問題。不過，我倒是有一個簡單的通用策略。第一年：校長的專業發展（細節詳見第十章）。第二年：校長領導教職設法處理品格教育的所有可能性，並為專業發展進行準備。第三年：此刻你已準備好開始為學生實行核心價值。我理解等待兩年才能為學生施行品格教育，對於多數的教育工作者而言，都是一種具有挑戰性的延遲滿足（delayed gratification）。然而，我不是絕對地和完全地按字面上的意思。相反地，這更是一個強調性的問題。首先是行政管理人員，接著是教師，然後就是學生。

⋖ 更多的修辭策略

應該很清楚的一點是，談論品格很重要並要以有用的語言來談論它。核心品格概念當然是其中主要的部分之一。然而，其他形式的共同語言也很重要。無論是湯姆・利科納，或是查爾斯・艾爾博特及大衛・富爾頓，都提供了許許多多關於格言（motto）、使命宣言（mission statement）、

校訓（touchstone）還有其他的例子，菲爾・文森稱它們是「品格教育的神聖文件」（sacred documents of character education）。這些全都能成為在修辭裡優先考慮品格教育的方法。

使命宣言可作為理想的例子。身為我們為期一年的品格教育領導學院（LACE）的一分子，所有參與的學校領導者都被要求完成一系列的指定「家庭作業」（實際上，這些作業不是在家中完成，而是在學校中和一個有代表性的品格教育團隊，以一種協作領導的形式進行）。作業之一，就是報告他們的「神聖文件」（使命宣言、願景宣言、校訓或格言及價值宣言），接著嚴格加以檢視，看看它們是否充分優先考慮品格發展和教育。使命宣言應該是一種宗旨的陳述，闡述學校存在的原因。學校的目的是什麼？因此，它要談論學校的各種優先事項，並應用來推動學校的政策及實踐。但可惜的是，這情況似乎很少見。

使命宣言是學校必須有的項目（至少在美國的學校是如此），因此遺憾地被視為必做清單上的「打勾」項目，而不是為了學校的健康和成功的一項重要活動和資源。擁有使命宣言，應該就像是有了一盞引路明燈、一個指南針，讓一個機構可以朝著首要的目標邁進，這有助於確立優先考慮的事務。在《好老師會做的二十件事》（*Lessons from the*

Classroom）中，哈爾‧伍爾本（Hal Urban）仔細回顧了身為一名高中教師實行典範品格教育的三十五年，娓娓道來以說明自己如何創建並分享「教師使命宣言」的過程，他請求學生們若他在實踐宣言時疏忽了，也務必告知。然後，他也要求學生們打造一個班級的使命宣言。

學校應該更認真地面對這些宣言，以其作為他們優先順序的陳述。對於品格教育領導學院的參與者們，我之所以要求他們要建設性地檢閱自己的使命宣言，這就是原因所在。我發現，這對於多數的教育領導者其實相當具有挑戰性。他們根本不認為在品格發展作為學校宗旨或優先事項方面，學校缺乏明確的強調。他們認為像「終身學習者」這樣的語詞，就暗示了品格教育是一個優先事項，直到我較不委婉地指出，很精銳的罪犯和恐怖分子也是終身學習者。他們總會找出更好的方法來避免被偵查，以及適應各種執法策略和創新。

同樣地，有許多使命宣言只專注於成就品格，而沒有道德品格。在公園路學區（Parkway School District），我設法在茶壺裡製造了一場風波，讓自己成為當地學區中不受歡迎的人。值得注意的是，公園路學區其實是個典範學區，現今是一個國家品格學區（National District of Character），由一個可靠且有才華的領導團隊所領導。當時，我等待著和新上

　　　　　　　　　　　　　品格教育

任的督學凱斯‧馬蒂（Keith Marty）第一次會面，他的辦公室外頭正是學區的使命宣言，和多數的宣言一樣，其中未提及道德品格的概念。其宣言聚焦於「確保所有學生都是有能力、有好奇心，也有自信心的學習者」。凱斯前來迎接我時，以我一向的「魯莽冒失鬼」模式，我對他說的第一句話就是我不喜歡這個使命宣言。在隨後的討論對話中，我告訴他，精銳的恐怖分子都「有能力、有好奇心，也有自信心」。

當時，我並不知道這是透過冗長的社群程序的一項新的使命宣言。很快地，我成了一位被該學區放逐的賤民。直到我收到一封來自學校輔導教師的電子郵件，他說：「伯克維茲博士，你知道嗎？公園路學區從此不再教育恐怖分子了。我們剛剛投票決定要在使命宣言中增加關懷（caring）。」現在，宣言中寫道：「公園路學區各學校的使命，是確保所有學生都是有能力、有好奇心、關懷並有自信心的學習者，他們能夠理解並應對這瞬息萬變世界的種種挑戰。」喔，我不再是被公園路學區驅逐的賤民了……我猜啦。他們願意聆聽真的太棒了。

第七章

優先考慮品格教育的
資源分配

　　學校及學校成員最好將品格教育作為優先事項來進行討論。然而，言語還遠遠不夠，甚至往往是空洞的。有一種說法是，如果你想知道某人的優先事項為何，只需要查看他們的行事曆和信用卡帳單。他們將自己兩個最重要的資源，即金錢和時間，放在哪些地方？要檢視修辭優先的真實性，有一種方法正是查看他們如何分配這兩點及其他的資源。是否有可用於品格教育的專款？當學生和教職員為品格教育專案申請資源時，相較於運動或學術上的申請，獲得款項的可能性是更高還是更低？

　　密蘇里州貝萊斯高中（Bayless High School）的現任校長派特・麥克沃伊（Pat McEvoy）曾經表示，當他在另一所高中擔任校長時，校長所擔任的角色就像好萊塢的電影製作人一樣，但他的意思並非指你開著法拉利、戴上價值一千美元的太陽眼鏡。電影界的人才主要是指導演、編劇及演員等。

電影製作人的職責是為他們提供需要的資源，讓他們能有最好的表現。資源指的可能是金錢，但也可能是指人才、時間或是場所等，這是派特終生信守的格言。在他的學校，為學生及教師發起的品格教育計畫尋求資金是他的優先事項。派特說，如果學生或教職員向他申請品格教育的資金，他的工作不是事先推測該計畫的優點，而是單純為他們找到資金。以他自己的話來回應，「如果我必須為足球隊少買一些足球」，那麼他就會這樣做，來資助品格教育。

校長們需要自問，品格教育在學校預算中的地位（如果有的話）為何。有預算的底線嗎？如果有的話，會是一個合理的數字嗎？這會是募款的優先事項嗎？如果有品格教育的財政需求的話，他們會向家長組織或學區的預算辦公室提供哪些提案或是說明？

然而，金錢並不是造就最佳品格教育所需的唯一資源。除了信用卡帳單外，我們還需查看校長的行事曆，特別是學校的總日程表，因為時間也是一項寶貴的日用品。正如艾咪・強斯頓所說，「如果我們不在總日程表上找時間來建立關係的話，關係就不會成立。」

我們總是會騰出時間給自己最看重的事情，所以當這些教育者說自己沒有時間進行品格教育時，就正好和優先考慮背道而馳了。有一些典範的品格教育校長在尋找時間給品格

教育上發揮了創意。另有一些中學校長則將導師／輔導的時間，部分或全部地作為培育品格的時間。而那些沒有導師或輔導的學校也已經找到一些有創意的方法來擠出時間，無論是減少常規課程的時間（每節課占用幾分鐘）或利用下課時間（每堂課轉換時間中的一分鐘），每天可以找到二十或三十分鐘。其他的學校，則是鎖定了提前放學的日子（半天課），並也注意到這些日子對學科教學來說效率不高，因為多數的課程減半了。因此，在一年之中的那幾天，他們中止了學術課程，並將時間全然用在品格教育上。

關於上學時間的另一個有趣詮釋，則是我所要說的「起點的神聖性」。許多人在一年中的第一天、前面幾天，甚至是前幾個星期，只專注或主要致力於品格教育，例如：全力地建立關係、協力地建立課堂及整個學校的規範，並發展與學校的情感維繫、建立在學校裡的舒適度。對於開學的第一天，克麗絲汀・佩爾斯特有了一個目標，他想構建開學的第一天，來讓每個學生在這一天結束時，心裡想著或嘴裡說著：「這是世界上最酷的學校了！我等不及明天要回來上課。」這真是一個英明的目標。在開學的第一個星期，艾咪・強斯頓主要致力於人際關係、社群及品格的建立。他指派每個學科部門，從哈爾・伍爾本的著作《好老師會做的二十件事》中選出其中一個單元，這樣學生不會在不同的班級重複一樣

的單元。哈爾・伍爾本的書，主題是關於他高中班級學年之中的前三個星期。他最喜歡的兩項創新改革，都是關於「開始」──但不是指學年的開始──相反地，是關於每一堂課的開始……一整年中的每一堂課。第一項革新，是在班級門口問候每個學生，另一項則是以好消息、一句讚美的話，或是一件幽默的事來開始一堂課。在此的重點是，並非所有時間點都同樣重要，但起點往往有重大意義（學年、學期、一星期、一天、每堂課的時間起點）。

　　需要尊重及／或重新致力投入的，可能不僅僅是起點。艾瑞克・索斯基爾（Eric Soskill）現今是馬裡蘭州一所小學的教師，當年在聖路易斯市教導五年級的學生時認知到一件事：一天之中的最後十五分鐘都會是被浪費的時間，因為孩子們處於「回家模式」並「盯著時鐘」。他讓學生在放學前十五分鐘準備好離開，清理教室、背好背包、收拾書包、穿上外套等，以此來彌補這段時間。然後，一天的最後十五分鐘是班級會議，回顧這一天及所學的內容。當回家被家長們問道：「你今天在學校裡學到了什麼？」，他們可能是這個星球上唯一一群不會回答「什麼也沒有」的孩子，甚至還會熱切地說明他們今天所學到的東西。

　　在過去的二十年之中，我傷心地看著現場管控的專業發展時間逐漸受到侵蝕，特別針對學校的品格教育。在我們的

「品格教育的有效作法」中，我們辨識了三十三個研究顯示有效的品格教育計畫。每一項計畫，至少都包括可自由選擇、大多是強制性的品格教育專業發展，因為有效的品格教育並非一氣呵成。

　　專業發展是一個時間上的問題，但往往也是金錢問題。專業發展可能會產生一筆成本，並且可能需要代理／代課教師的資金，來讓教育者得以參與。至於專業發展的重點，也是有選擇的。一般而言，學校更支持以教學指導／學科為中心的專業發展，而不是以品格為中心的專業發展。這充分地指出真正的優先事項，無論在修辭上的優先順序是什麼。

第八章

學校／班級風氣和
優先順序

　　品格教育關乎存在。這不僅是適用於個人如何存在，也同時說明作為一個更大的社會個體該如何存在。對班級、中學的學科小組、高中的年段、一整個學校，甚至學區的運作都極其重要。稍後，我們將聚焦在介紹個體示範的概念。於此，我們將處理更大規模的社會學強調，即學校及／或班級的風氣。如果我們創造並鼓勵符合品格發展的風氣，我們就是在展現優先順序。以不同的形式、不同的名稱，這早已得到認可了。

　　約翰·杜威對民主學校教育的重視、菲力浦·傑克森（Philip Jackson）關於潛在課程（hidden curriculum）的概念，以及勞倫斯·柯爾伯格（Lawrence Kohlberg）對道德氛圍（moral atmosphere）的強調等，都是當今學校風氣運動焦點的早期版本。如果我們想要學校以最佳的方式培育人類良善的興旺，那麼就必須看到強調建立積極正向的學校風氣。

在審查研究時，我們發現了優先考慮學校風氣以支持品格發展的五種方式。

- 全校聚焦於品格教育
- 教師們之間的信任
- 安全感
- 提倡關懷的校園及班級
- 評估學校風氣

全校聚焦於品格教育

在他擔任高中教師的這三十年中，哈爾・伍爾本敘述自己大致就是一匹獨來獨往的品格教育孤狼。他在自己的教室中有相當出色的表現（請參閱他的著作《好老師會做的二十件事》），但聲名卻從未遠播到自己教室的門外。他講述了一個外國交換學生的故事，這個學生對哈爾教室裡的班級文化及學生們的行為欽佩不已，不同於他在其他教師那裡上的其他課程，他於是建議哈爾針對高中教師們召開一次會談，目的是向大家教導他在班級風氣的實踐，而其中有許多實踐我們將會作為 PRIMED 六大設計原則的例子來描述。哈爾明智地意識到他的同事們並不會樂意地接受，因為他們之中有許多人早已輕忽了品格教育。

學校的領導者及教師們同樣都感到哀嘆的一件事，就是他們無法從教職員身上獲得足夠的支持（buy-in）。他們只感受到對方對於品格教育的冷漠，甚至還有一些反感。優先考慮的一部分，特別是一個全校性的焦點，正是提升所有關係人團體的支持。我們經常要求學校領導人制訂計畫以增加關係人團體的支持，並將「支持」定義為每個團體中有更多成員的支持以及更深入的參與。學校的領導者時常難以理解如何有效地做到這件事。

三個有效原則可以增加關係人的支持，這三項也往往與 PRIMED 六大設計原則的其他元素重疊。第一，與他們建立積極的關係，也在他們之間建立積極的關係（對此，在「關係」章節會介紹更多內容）。第二，真正地賦能，讓他們成為品格教育計畫的共同所有人和共同作者（在「賦能」章節會介紹更多內容）。第三，培育他們參與品格教育的能力。在此指的是先前討論過對於專業發展的投入，但這也與位於聖路易斯市的第一特許學校（Premier Charter School）校長茱莉・佛魯格（Julie Frugo）所提及的成為專業成長領導者（Professional Growth Leader，稍後會詳細介紹）有關。像這樣的領導人能營造一種全校性的風氣，以培育學校全體教職人員的專業成長。當人們對於投入品格教育覺得奏效時，便會因而產生更深刻的認同。

然而，所謂的全校性並不只代表讓每個人都參與其中。這也意味著以影響整個學校的方式實施。有時，我們只是忘記了將某些關鍵的關係人團體涵蓋其中，例如：秘書、校工、廚工及校車司機。當我被邀請提供專業發展，而全校所有員工都在場時，總是令人印象深刻，當他們作為團隊成員在校外出差以參與專業發展或會議時，就更是令人感動了。在聖路易斯市，有兩所特殊教育的高中（紐渥納高中〔Neuwoehner〕及諾斯維高中〔Northview〕）都會定期派出所有半專業人員取得「品格優質中心」的品格教育認證。

　　此外，有一些計畫只針對學校人員的一個小團體，無論是某一群人、學校的組成元素（例如：運動員、頂尖的菁英或是特殊教育的學生），或其他分屬的部門。例如：有許多領導力計畫或同儕衝突解決（peer conflict resolution）計畫，只影響了少數的學生，但所有學生都需要學習領導的技能和價值。此外，所有學生都需要學習、實踐並參與同儕衝突解決。這些是所有人都必須具備的生活技能……包括成人在內。

　　與其讓校長顧問團隊由數個明星學生所組成，不如每週舉行一次校長顧問論壇，每週讓不同的學生參加其中，最終所有學生都有機會。位於伊利諾伊州的貝爾維爾（Belleville）的一所小學，與其設立由學生組成的學校委員會，他們在體

育館張貼了一大張列有各種委員會的海報，任何有興趣的學生都能報名參加自己認為有吸引力的團體，可能是回收環保小組，或是大型會議室的擺設或調整小隊（移動椅子及桌子等），亦可能是訪客、轉學生及其他賓客的服務大使。然後，學校教職只需根據每個場合的需求，從清單中調用盡可能多的工作人員。雖然並非所有人都參與其中，但是所有人都有機會。

有些品格教育計畫明確地涵蓋全校性的元素。「關懷的學校社群」（Caring School Community）包括在全校強調創造和修改全校性的傳統和活動，以促進品格發展。例如：重新思考典型的科學博覽會，讓它從助長欺騙及惡意的競爭性活動，轉化為一個共享的學習展覽會，所有學生在其中彼此學習，而不是為了獲獎而相互競爭。

當馬克・艾辛勞博（Mark Eichenlaub）擔任伊利諾伊州的貝爾維爾118學區傑佛遜小學（Jefferson Elementary School）的校長時，他制定了一項全校性活動——一日的開始。在進教室上課之前，所有的學生都到體育館集合並進行全校會議，為這一天定下適切的基調——慶祝和學習品格，並在一所偉大的學校裡建立積極的身分。聖路易斯市公立學校之一布許中學的校長羅勃・萊舍爾（Rob Lescher）則是從每天與學校所有成員（包括教職和行政人員）一起默讀來展開每一

天。所有人都來到體育館作為一天之中的第一站，大家安靜坐著閱讀，來好好地開始新的一天，並為學習、合作及尊重創造積極正向的氛圍。

不管怎麼做，從整個學校的角度來思考，就是創造學校風氣的一個關鍵且有效的元素，以最佳的方式培育學生的良好品格。如此一來，這就將「沒有一個孩子落後」（no child left behind）拓展為「沒有一個人落後」（no one left behind）。

≺ 教師們之間的信任

若是欠缺人際之間的信任，任何組織都難以維持一個積極正向的風氣。在品格教育領域對此最有說服力的陳述，來自瑪麗蓮‧華森（Marilyn Watson）、安東尼‧布里克，以及梅根‧特恰寧-莫蘭（Megan Tschannen-Moran）。

瑪麗蓮‧華森是《學會信任》（*Learning to Trust*，中文書名暫譯）這本書的作者，他提供了一個強健的概念框架，用來理解人際之間信任的特質及來源，並進一步提供了一個實用模型，說明如何在班級培育並維持學生之間以及師生之間的信任。他以此作為自己發展式紀律（developmental discipline）模型的平台，我們將會於發展式教學法的章節進行討論。對我們而言，關鍵是建立信任需要有目的性、策略

性及完全的包容性。你不能只是純粹地指望好心及好意。我時常說，多數的老師會來教書是因為他們對孩子有一顆良善之心。他們還時常認為，自己良善之心足以產生正向的班級風氣、健康的關係及信任。而他們的確會做得到，除了那些最需要的孩子。這就是為什麼建立信任必須是有目的性、策略性及包容性的原因。這才是「沒有一個孩子落後」的真正涵義。如果學生無法信任他們的老師，和老師們相處時欠缺安全感，就不可能培育品格的發展或學業的成就，甚至創造支持這種發展的風氣類型。

布里克與芭芭拉・施奈德在他們芝加哥公立學校的研究發現，學校教師之間的「關係信任」程度，會直接關係到學校的學業成就。教職人員之間有更深厚的信任，就有更高的學業表現。而特恰寧 - 莫蘭（Tschannen-Moran）在他的著作《信任很重要》（*Trust Matters*，中文書名暫譯）中，已優雅地分析領導者的信任本質和形成。

⋘ 安全感

學術與社會情緒學習協作組織（CASEL.org）在他們的研究評論中得出一項結論，有效實踐的一個關鍵要素是讓學校成為身心都安全的地方。如前所述，我們將其擴展到包括種族／文化以及智力上的安全性。同樣重要的是，學校社群

中的成員也如此地看待學校。僅僅因為師長們認為學校是安全的，並不代表學生或其他關係人也有相同感受。此外，就算大多數的人都如此認為，並不意味著所有人都一樣。被一個欺凌者作為攻擊目標的孩子——或成人——不會有這種感覺。被系統性地排除在社會團體或活動之外的兒童或成人，也不會有這種感覺。

當我和傑克・班寧加（Jack Benninga）一同研究加州的小學時，我們發現學校安全是品格教育的要素之一，它最能預測學校的學業成就。當孩子們感到安全時，他們就會更好地學習。我記得，當我的兒子上大學時，他幫我送東西去一所位於市區的高中。他回來時表示，被這所高中像監獄般的氣氛給嚇到了，裡面有金屬探測器、武裝警衛等。那樣的學校風氣讓他感到不安全。

感知到安全，並非只是沒有明顯的威脅。這是一個低門檻，而一個更高的標準就是發展成一個熱情友好的、有包容性的學校。許多教育工作者問我，當學校內的流動率很高，有一半的學生不在同所學校開始及／或結束學年時，他們該如何有效地培育品格發展。我的回答是，每一個挑戰都是帶著偽裝的機會。我鼓勵他們，將這種流動性視為有目的地培育一個熱情友好的學校的機會。所有學校都有一定的流動性（有轉學生，也有長期代課教師等）。所有學校都面臨世代

的流失。較高年級的學生會畢業並持續前進，而每年都會有一批年輕的新學生進入校園。教師及其他的教職人員也會退休並被取代。因此，你應該建立適切的結構，來歡迎及告別那些人。這樣會讓學校有目的地成為熱情友好的地方。再者，流動率高的學校也有機會經常歡迎新人。

許多學校都設有「大使」，負責接待訪客並帶著他們進行參觀。有些學校會準備歡迎禮包給新來的學生和新家庭。這些事物通常由學生創建並安排，也往往由他們負責轉交。

在我的品格教育領導學院中，我要求所有參與者針對新教師入職培訓及歡迎，對他們的教職人員進行調查。這些活動通常很好，卻過於受限且無效。新任教師至少需要兩年時間，才能度過作為任課教師的最初衝擊。有一個初步的入職培訓及指定的指導可能還是不足。問問你自己，參與學校的歡迎及入職培訓活動效果如何。更重要的，可以問問過去這幾年入職的人。我建議，在可能的情況下，針對所有新進員工舉行每星期或每月一次的會議，至少要為期一年，但最好是為期兩年。

第一特許學校的校長茱莉‧佛魯格（Julie Frugo）完成了他所謂的「專業成長領導者」（The Professional Growth Leader）的博士研究，其中談及的領導者能專注地培育他領導的所有人的專業成長。藉由為新教師開發及引導為期三年

的一個輔導／培訓計畫（coaching / orientation program），他信守了這一個目標。他對第一年的學期前培訓進行了如下描述：

在團隊其他成員回來之前，我們將他們帶進來做一些發展活動，大約需要三至五天。我們致力於瞭解這些新教師，並聽取他們轉換至第一特許學校對於自己的角色的疑惑及擔憂。

到了最高點為：

新人入職儀式。我們安排一個類似歡樂時光的招待會，在其中領導人、教練和新教師們（還有他們的賓客）可以進行社交活動，接著以正式儀式結束……這些新進教師有機會聆聽其中一位領導同仁說明特別聘請他們的原因……我們會談談他們在面試時所說的話，談談觀察他們在授課時的表現等，還可以得知我們認為他們非常適合我們學生的理由。我們也感謝他們那些重要的人們，支持他們身為教師的朋友以及前來的賓客。我們提醒大家教學是多麼困難的一件事，他們為何需要協助，並記得自我照顧相當重要，這就是為什麼他們的賓客在

品格教育

場是如此重要。然後，他們會收到自己的工作證件／鑰匙，而今他們已是「正式的」一員。

第一年的其餘時間有三項組成要素：

我們規畫各種活動來緊密聯繫這個群體，其中一項挑戰是想出一種創新的方式來向「家庭」中的其他成員介紹自己……總是能讓我感到驚訝，這項活動將同期新人凝聚在一起，以及來自團隊其他成員的興奮之情與掌聲。在其他一百五十名員工正式上班之前，這些相聚的時光減輕了一些焦慮，並讓新教師看到這件事的重要性，以及我們如何有目的地建立這種積極的成人文化。

下一項組成要素，是每月一次的支持研討會（support seminar）。這每月兩個半小時的課程，他們在其中學習並探索建立關係和建立積極班級文化的相關概念。我會藉由指導教師（coach）的協助來帶領課程，但至關重要的是，他們必須與我連結因為我是學校負責人／督導……而將此視為優先事項是有期待的。他們很快瞭解到事情有其先後的排序，首先是在班級裡建立關係及社群，然後學業學習會接著起飛成長。活動及資源的重點是從一個發展性的視角來理解學生。我們探索一

切，從創傷意識到我們帶進班級的偏見，到深入學習像班會這樣的各種策略。我們做的事情可能看起來有一些超過。我們每次都會提供一頓家常料理。這會讓他們覺得自己被以一種極為特別的方式照顧。我們為他們提供資源以供使用……書籍、紓壓小玩具[6]等等。我們所做的一切都有其目的性，我們想要示範的，是我們希望他們如何與孩子們相處。

該計畫的最後一項組成要素是……指導（coaching）……指導教師個別地與教師們一起設定觀察、會議／線上討論，或一個時機讓指導教師在課堂上示範班級會議或課程單元。每個月進行的事務往往與我們在研討會上設立的目標相關，但也可以根據教師的需求來進行調整。有時指導教師會進教室代課，讓新進教師可以去觀察其他同儕教課，或以錄影方式記錄……然後一起觀看影片。

我們有一個年終指導慶祝活動……被邀請的人有領導階層、指導教師及賓客，我們一同慶祝並反思。我們分享他們的成長故事，也會突然拿出一整年收集到的相關物件，並請他們從自己的反思日誌中進行分享……他們總是會變得情緒激動……直到我們提醒他們後面還有第二年。

第二年被稱為「挖掘並成長」的一年（"grub and grow" year）。進行方式是每月一次讀書的歡樂時光……內容來自第一年發現可進一步學習成長的領域，例如更深入地瞭解賦能或內在動機。教師們兩兩配對。有很多是以影片、閱讀和反思問題等形式存在的「前置作業」。

第三年則是稱為「共享富足」的一年（"share the wealth" year）。根據教師們的問卷調查及反思，每個人會制定第三年的個人目標。雖然仍會舉行一些同期的整體會議，但大部分的工作圍繞在個人專業目標的個別指導。這其中包括「深入體驗」，自行選擇一項活動，並深度地探索以個人目標為核心的體驗。在下半年，他們會為所有的教職員舉辦一場會議，以他們的個人探索／目標來打造並呈現研討會。指導教師會協助他們做好各項準備，並且成為他們「彩排」的觀眾。這是一個盛大的年終慶典。

依據茱莉（在個人溝通裡）指出：

> 一定要以班級／同期小組的圍圈會議來作為結束！這些年來，我們收到的反饋都如此正向積極——其中有幾年的同期小組在關係上變得如此緊密，他們繼續打造

6　sensory fidget，通常用於學校活動及課堂上，這種玩具的功能是以分散注意力的方式來讓大腦過濾多餘的感官刺激及訊息，解決分心、焦慮的問題，以訓練或幫助孩子的學習及集中注意力。

書籍共讀的活動，甚至要求我們一同參與更多的大師課程，正是因為他們非常重視這樣的聚會和討論！

關懷的校園及班級

擁有安全的學校對於有效的品格教育至關重要，但遠遠不足以定義理想的學校風氣。在心理學有一個由來已久的理論，稱為自我實現（self-actualization）。一個自我實現的人，是一個在發展及成熟的漫長階段中達到高峰的人。作為一種動機，自我實現被理解為實現個人最大潛力的動力。這種人具有豐富的成熟度及值得嚮往的特質，例如：對世事的準確認知、信任自己的判斷力、正向的人際關係、同情心，及對自己感到自在。然而，大家也理解的是，只有滿足了一系列的基本人類需求時，自我實現才有可能。這些條件包括基本的身體需求，例如：食物、水及住所，但也包括安全。在一個人擁有歸屬感（自我決定理論中的三個基本需求之一）之前，他必須先感到安全。

因此，一旦一個人在學校創造一種身心的安全感，這個人就可以增加一種關懷的感覺，就如同主要的自我實現理論家之一，亞伯拉罕‧馬斯洛（Abraham Maslow），所說的「愛與歸屬」（love and belonging）。

「關懷」（caring）這個語詞出現在品格教育的地方，

可能比任何其他品格語詞都更頻繁。它成為學校計畫的名稱（例如：關懷的學校〔Caring School Community〕），它或它的同義詞（同情、關心他人、愛等等），幾乎會出現於每所學校的核心道德或價值的清單之中。依此類推。

在教育有一個給教師的古老說法：「孩子們不在乎你有多博學，直到他們知道你有多關心他們。」（「*Kids don't care how much you know until they know how much you care.*」）這裡所要強調的重點，是讓孩子知道你關心他們。正如我們在安全等其他問題上已經注意到的那樣，如果孩子們不知道你關心他們，你有多麼在意對他們就並不重要。一位出色的騙子只要讓你相信他們真心在意你，就能成功誘騙到你。因此，孩子們的感知是最重要的。我們需要確保學校及班級裡都有關愛的風氣，並且學生也能感受到這種氣氛。很快地，我們將會進一步說明系統性、有效地評估學生如何體驗這種風氣是多麼的重要。

我們可以花時間相互瞭解以增強這種關懷的風氣，我們將在關係的章節中討論這一點。我們也可以藉由差異化我們的教學、班級管理及溝通方式來滿足每位學生的獨特需求，從而營造一種更為關愛的風氣。安全和關懷的大多數問題，目前藉由創傷知情照護（Trauma-informed Care）及修復式實踐（Restorative Practices）的相關運動提出，這將於發展式

教學法的章節中討論。基於孩子獨特的人生經歷或生活背景的次文化（subculture）[7]，進而瞭解孩子可能因此感到威脅或覺得不被關懷的理由，為他們提供了更多可以被關心並感受到關愛的可能性。

只是跟所有孩子打招呼、稱呼他們的名字，瞭解一些他們的個人事務，就可以有力地營造一個充滿關愛的環境。在關於學校關係的章節中，我們將會提供相關的例子。

在美國，上課的學生們會從一個教室移動至另一個教室，有一些學校要求教職人員在這個切換的時間站在走廊上，不是為了監控學生的行為，而是可以和在校園內移動的學生們進行友好的對談。其他較為策略性的作法，則是在晨間安置這些成人在學校的周圍，以確保每個孩子在上課前至少被問候了五次。試想這些孩子體驗上學的差異有多大，僅僅通過他們如何看待這些成人的動機——以及可能的對待方式——他們是監獄的看守人或是友好的接待人。

在內在動機和發展式教學的章節內容中，我們會進一步討論行為管理，但值得注意的是，保有彈性、協作和修復式的實踐，也可以傳達這是個關懷的環境。在危機發生之際，關懷環境的影響尤其強大，也就是孩子面臨違反規範或規則或是在身體上或情緒上傷害了他人時。我們都知道，這樣的時刻可能會造成情緒上的毀滅性打擊。這正如瑪麗蓮·華森

向我們提出的挑戰一樣，我們需要重新建構這些時刻，不只是改變行為的時機，而是作為不僅是孩子也是關係的成長機會。在危機中得到慈悲的對待，是體驗學校作為關愛場所的另一種方式。

✂ 評估學校風氣

「品格教育組織」的第十一項原則為評估學校的品格教育行動（character education initiative）。這包括評估學校風氣（school climate）。美國國家學校風氣中心協會（The National School Climate Center）的工作，主要專注於評估學校風氣的政策及方法。學校風氣可能是品格教育中最備受評估的一項變數。

作為我們品格教育領導學院的一分子，我們要求參與者為自己學校的品格教育行動設立一個評估計畫。我們要求他們考量三個廣泛的評估領域：實施（Implementation），風氣，及學生的品格發展。實施及品格發展確實對他們造成了挑戰，他們往往難以理解如何有效地做到這兩件事。然而，學校風氣往往都已經是學校在評估的項目，而且通常非常有

7　次文化是一種特殊文化，是由一個社會的次級社會或次級團體的成員所形成的一套特殊價值觀念與行為模式，包括思想、態度、習慣、信仰、生活方式，這是社會分化過程中的必然結果，特別在異質性高、多元化、自由化、開放式的社會。

成效。

　　許多學校和學區每年都需要進行學校風氣的問卷調查，這通常不僅是針對學生，也針對教職員甚至是家長。現有的一些措施經由科學驗證且相當可靠，有一些是免費提供，有些則需要花費購買，而有些單位直接創建自己一套學校風氣問卷。不過更重要的就是確實地實行，並且定期進行。

　　下一件重要的事，是你如何處理收集來的數據資料。我的建議一向是，對待品格數據的方式，就像現在多數學校對待學術數據的方式一樣；也就是說，你可以將數據公開，並參與專業流程來審視這些數據，並決定數據要提供什麼資訊，又該如何前進。理查‧杜福爾（Richard DuFour）的「專業學習社群」（Professional Learning Community）模式就是一個很棒的框架。讓教師反思專業學習社群的三個問題。第一，關於品格、核心價值等方面，我們希望學生瞭解什麼內容？第二，我們怎麼知道他們是否學會了？第三，針對沒有學會的學生，要怎麼做？畢竟，我們希望收集來的數據資料能推動學校的改善。

第九章

結構優先

展現品格教育成為優先的另一種方式，是創造一種結構以增加品格教育元素的存在感。學校通常以真誠的本意來優先考慮品格教育，甚至對這些意圖進行明確的修辭優先，但由於欠缺適當結構來讓這些本意變成現實或貫徹地維持，因此這項新措施只能一波多折。

研究顯示，有五種形式的結構策略來讓品格教育成為優先：

- 採取一種全面性的方法。
- 將品格教育融入學校生活各個層面。
- 與其他學校合作。
- 讓品格教育在整個學校及學區清楚可見。
- 評估學生品格並提供回饋。

採取一種全面性的方法

「品格教育組織」的「學校的十一項原則框架」中的第

二項原則促進了對品格教育的全面性理解和方法，而第三項原則是關於全面性的實施。這其中最重要的是理解品格的複雜性。「品格教育組織」對於品格的定義，聚焦於品格的三個顯著的層面：認知（知識、推理）；情意（情緒、動機）；行為（技能、行動）。這些往往可以透過頭、心，和手的記憶法來記住它們。

以這種多面向的方式理解品格，它的挑戰是需要認知到品格的這些不同面向以不同的方式發展。「頭」有多個組成元素，因此也可能有不同的教學方法。學習對錯，可藉由傳統的學習機制來完成，例如：品格閱讀。然而，發展對於社會及道德議題的推理能力，則需要非常不同的方法。這是一個批判性思考（critical thinking）的問題。為了培育批判性思考，無論是在品格或其他學術科目，都需要給予學生機會去解決各種概念和議題，而不只是提供他們解答，特別在這種情況下的道德問題。我們必須建立架構及政策來允許學生探索社會和道德議題，並在我們的課程及學校生活中的其他層面（例如：行為管理），以個人或集體的方式解決對與錯的問題。單純講述可以讓他們獲得知識，卻不足以協助他們為自己發展推理的能力。

此外，品格「心」的部分需要的是其他的策略。這更多是來自於對學校和校內成人的歸屬感，以及確保學校和成人

示範我們希望學生去關注的品格。本書將在關係、內在動機及示範的章節裡深入探討這一點。

品格「手」的部分需要的是另一種教學方法。一部分的原因是為了讓學生有機會練習和運用他們的品格能力，通常是經由服務他人。我們將在內在動機的章節進行探討。然而，提供這樣的機會還是不足。我們必須幫助學生獲得作為道德人（moral agent）所需的技能。我們時常要求教育工作者列出在學校用於品格發展的各種策略，然後辨識哪一些策略可作為品格教育的特定關鍵要素。「建造技能」（skill-building）就是其中之一。在他們的品格教育方法中，這是一個未被充分發揮的要素。在發展式教學的章節中，將會更完整地討論這個問題。

孩子們來到學校，不一定知道如何尊重地表達自己的反對意見，或解決同儕衝突，或管理自己的憤怒，或修復關係。例如：有朋友因為相信他們聽到的一個謊言，而不跟他們說話。我們必須協助孩子發展這些技能。這是社會情緒學習的中心焦點（www.casel.org）。有許多基於實證的優質課程可以協助學生獲得外在人際及個人內在的技能。在很多情況下，我們可能知道什麼是正確的（頭的部分），並真心地關切這件事（心的部分），卻因為我們不知道如何去做（手的部分）而功虧一簣。

學校常常會錯過這一點。他們往往會在品格的手的兩件事之中進行其一。第一,他們自認身處與品格相關的職位(例如:領導角色、夥伴或指導等)必然會促進社會情緒能力的培養。這有時行得通,但通常發揮不了作用——或不夠充分。第二,他們將技能教學移交給輔導課程,讓學校的輔導教師定期到教室教導這些技能。這無疑是向正確方向邁出的一步。但是,最好讓任課教師進行品格技能的教學。許多任課教師對此建議的回應是,他們沒有時間及/或技能執行這件事。相反的論點是,他們不能不做。例如:在學年開始時花時間在學生管理自身情緒、與他人有效聯繫的能力,往後就可以爭取更多的時間,創造一個支持最佳學習的積極學校風氣。否則,風氣就不會是理想的狀態,教師一年到頭花大量時間來撲滅社會、情緒及行為上的大火,使勁費力地激勵學生,沒有時間進行優質的教學。

採用這種差異化的品格教育方法,需要先認知到品格本身的複雜性。

✂ 將品格教育融入學校生活各個層面

如同品格是複雜的概念一樣,品格教育應該要有差異化,重要的是我們要認識到學校是非常複雜的社會機構,有很多可變的部分。因此,需要明白的是,我們需要找到將品

格教育融入學校生活各個層面的方法。這其實就是「品格教育組織」的「十一項原則框架」中的第三項原則。

我們希望品格教育被涵蓋在我們的核心學術課程和輔導課程中。許多學校也將課後活動視為品格教育的場所。也許最明顯的是紀律。但是，我們也想考慮藝術、音樂和體育等「特殊項目」；學生領導角色；以及在校車和學校餐廳中的規範與行為。我們已經討論了全校範圍的多項傳統，例如：科學博覽會、學校運動會、家族霜淇淋派對 8 等等。換句話說，它應該滲透到學校生活的所有層面。

我們一旦意識到品格教育應該是學校各個層面的優先事項，我們就必須確保它真正地發揮作用……並且是有效地發揮。行為管理就是一個絕佳的例子，是培育人類良善的興旺一個理想的場合。但它往往欠缺效率，甚至適得其反。學校生活大部分的層面也是如此。釐清如何將品格教育有效地整合到課程中，或者如何進行對發展有效的行為管理（在發展式教學章節中，有更多關於兩者的資訊），對於優先考慮品格教育的結構性支持至關重要。

8　原文 ice cream social，霜淇淋派對為事先計畫的活動，活動上會提供各式霜淇淋，一般是社區型的聚會活動或是歡迎派對，作為社交聚會多是為教堂或學校籌募資金等，多於夏季舉辦。

❮ 與其他學校合作

在針對澳洲學校的審查中，泰瑞・洛瓦特（Terry Lovat）和他的同事發現，能成功進行價值教育（values education）的學校，更有可能與其他學校合作。這樣做是學校品格教育優先的一項指標，可以在組織內（例如：在學區內）或更廣大的區域裡執行。

我最喜歡舉的例子之一，是喬治亞州的一所小學，他們的社會研究課程包括對投票及選舉的研究，其中包含選民登記的概念和程序。學生們成了選民登記的專家。校方將學生們帶到當地的高中，讓他們帶著登記表走進學校餐廳。他們走向那些高中生，詢問他們是否已經到了投票的年齡，如果到了的話，是否已經做了登記。如果沒有登記，這些小學「專家」會主動協助登記。

中學和高中經常會與學區內小學合作，讓他們的學生自願指導並輔導這些小學夥伴。

任何學校都能做的一件改善自己的聰明之舉，那就是投資提供學生給他們的生源學校（feeder schools）9，而不是投資自己的學校。我們時常收到來自更高階學校的報告，藉由學生的行為，他們可以快速判斷學生來自哪一所生源學校。那些在品格教育上採取認真、普及且有效行動的學校，總是

會送來「最好的」孩子，他們認真看待學習、遵守既定的社會道德準則，為學校的風氣及運作增添價值，而不是破壞。如果一所學校可以藉由投資他們的生源學校以最大化招收到這樣的孩子，為什麼不做呢？讓較高階學校與較低階學校的教職員在學術及品格方面進行合作。讓高階學校教職員向生源學校教職員表達感激，謝謝他們讓學生為高階學程做好準備。在更平緩的垂直結盟及過渡階段上進行合作，每個人都是贏家。

學校如何看待這種合作，也是衡量優先排序的一個指標。我曾與一個鄉村學區的小學、中學的校長一起合作。在小小的一塊校區之中，有四所學校（幼稚園、小學，中學，及高中）。我向中學校長建議，他的學生應該去小學教導更年幼的孩子關於品格的知識。他的回答很猶豫，理由是兩所學校並不相鄰。事實上，他們只需要繞著高中走一圈就能進到小學，只有幾碼的距離而已。因為品格教育不是他們的優先事項，將鼴鼠小丘變成了大山，就這麼浪費了許多學校會羨慕的大好機會。

2014 年 8 月，當密蘇里州佛格森市（Ferguson）附近一名警官開槍射殺了邁克爾・布朗（Michael Brown）時，該地

---

9   feeder schools，稱「附屬學校」或「生源學校」，為當地或同一學區更高階學校提供學生來源的學校。

區的高中生發現，學校沒有給他們空間和機會來談論事件和背後的議題。教師們不認為自己有能力進行相關對話，而一些學校和學區則是禁止他們這麼做。因此，針對種族、隔離、階級、歸屬、社會公平、正義及學生發聲等相關議題，「品格優質中心」決定成為多所高中的校際召集人，進行有意義的對話和社會正義規劃。他們創建了「Gateway2Change」，由來自不同學校的學生所組成，一年進行四次的系列會議。以多樣性及人口代表性最大化方式將這些學校分為四組。他們甚至組成「姊妹校」，讓學生們在彼此的姊妹校互相陪伴。最終，目標是建立學校機制，辦認及培育學生領袖，並形成以校為主的學生團隊，將工作帶回自己的學校。這種網絡將品格教育列為優先事項，而且相當成功，所以一直延用至今日。

⟨ 使用陳列來讓品格顯而易見

展現品格教育優先極為常見的一種方法，是標誌（signage）和陳列（displays）。在此，我將簡略地介紹，因為在修辭優先的章節中已經討論過。

很久以前，我被帶去參訪了兩所自稱「實施品格教育」的高中。其中一所學校只給我看兩件事物：一名教職成員及一幅壁畫。這名教職成員在體育館外有一個辦公室，顯然本

來是當作儲藏室使用。他是學校裡的品格教育者，完全負責相關的所有事務，但做的事卻微乎其微。這幅壁畫相當顯眼，令人印象深刻。上面描繪了九名學生，每一位學生都舉著一個牌子，每個牌子上都寫著品格關鍵字。我詢問這些字從何而來，他們告知我是學校的領導者所選。我再問，壁畫上的這些學生是誰，他們說是畫這幅壁畫的學生。我的結論是，這裡的品格教育資源不足，而這幅壁畫只是自我推銷的一個例子，不過是重現這些成人既有的想法。

另一所高中，則只是展示了六個醒目標誌，每個標誌上都有一個品格關鍵字。當我問他們針對這些品格概念做了些什麼時，他們表示還沒有開始做任何事，並且想從提高意識開始。我猜想，他們更有可能提高的是嘲諷的程度。

哈爾‧伍爾本在他的課堂上巧妙地使用標誌。他在每張標誌上都附有課程（細節詳見《好老師會做的二十件事》）。他會依照預先安排的時間表來張貼標誌，在張貼標誌的同時教導該標誌的課程。他甚至還為許多標誌制定了班級規範和規則，以突顯這些標誌，並協助學生搞清楚如何成為標誌上象徵的樣子。

使用標誌來完成兩件重要的事情。首先，突出在學校或班級的實際情況。這些標誌不會創造品格，但有助於讓品格突出且令人難忘。其次，如哈爾‧伍爾本的作法，使用標誌

作為與其直接相關的重要課程的視覺指標。標誌不會教導學生，但可以作為教學輔具。

評估學生品格並提供回饋

前面我們曾談到學校風氣，以及有效提升學校風氣的部分方法，包括定期且有效地加以評估。這也是一種在結構上優先考慮品格教育的方式。另一個在結構上優先的評估例子，是針對學生品格發展的評估。我前面曾指出，學校領導者總是在規劃如何評估上苦苦掙扎。

學校評估學生品格的最常見方法為：第一，關於學生不當行為（例如：停學和開除）的行政轉介，以及其他數據；第二，出席率；第三，學業成績分數。雖然這些都是學校運行狀況及成功的指標，卻是品格教育對學生成長具體影響的不精確指標。第一項最為接近，但它確實是衡量品格陰暗面（不良行為），而不是力量（人類良善）的衡量標準。更糟糕的是，其中最有幫助的是行政轉介，大多數的學校會零星地、不均勻地或根本不記錄它們。此外，教職員之間往往欠缺一致的意見，例如：尊重是什麼以及如何回應不尊重。因此，這些數據通常是非常不可靠的。停學和開除可能會受到更嚴格的控制，但我希望這些情況也能減少發生。

出席率雖然部分反映了孩子是否想來學校，但也受到學

校控制之外的諸多其他問題所影響，與學校品格教育行動無關。正如先前所指明的，「好的品格教育就是好的教育」，而品格教育往往會提高學術測驗成績，但這成績並不是衡量學生品格的標準。

儘管如此，找到一種評估品格的方法是個好主意。有時，必須發揮一些創意。一位校長可能會巧妙地每隔一段時間將垃圾和錢扔在地上，然後觀察學生們會怎麼做。然而，也有一些標準的品格心理評量，例如：邁爾森學院（the Mayerson Academy）的品格優勢評量（VIA suite of measures）以及馬克利斯頓集團（the Mark Liston Group）的品格成長指數（the Character Growth Index）。這兩種都是針對青少年及／或成人品格優勢的自我報告評量。

關於學校風氣評估，如先前所提出的，收集這些數據後如何處理這些數據極其重要。使用結構化的方式來評估品格數據，如同對學術數據做的一樣，會是一個好主意。然而試圖「診斷」個別孩子，如同大多數敏感度不足的評量一樣，無法判斷他的「良善」。使用這些數據進行群體分析和評估趨勢，例如回答「我們是否對學生的品格發展產生了積極影響？」在其「品格優質模式」中，「品格優質中心」涵蓋了處理品格數據的架構。

此外，將此類數據用於品格形成的目的（formative

purpose）。換句話說，可以將它們提供給學生，讓他們自我評估並反思自己的品格，進而策略性規劃如何自我管理自己的品格以能走向人類良善的旅程。我們將在發展式教學的章節中進一步討論這個問題。

第十章

領導品格學校

身為學校的領導者，校長（或任何術語用來描述學校領導行政人員之人）對學校的文化及風氣、教職的最佳專業發展及運作、政策和實踐，以及最終的優先事項、運作及成果有著極大的影響。因此，為了使品格教育達到最高的有效性，從而對人類良善的興旺和學業成就有最佳的影響，校長需要成為品格行動（initiative）的組織「捍衛者」。理想情況下，校長不僅是品格教育的「啦啦隊長」，而且在品格教育的實踐上有一定的專長。這也顯示校長的專業發展應該強調品格教育專業知識，這是我過去二十年中在品格教育領導學院（稍後會詳細介紹）投入如此大量時間、精力，及資源的原因，也是柯恩家族基金會近期開始大力投資以促進領導者專業發展和教育的理由。

我從未見過偉大的學校沒有偉大的領袖，也從未見過偉大的品格教育學校沒有偉大的教育者領導。品格教育可以授權給其他人，事實上，依據賦能和投資成人文化的原則，該

作法應該被廣為採用，而最終領導者是這個旅程最有影響力的人。

這裡的一個關鍵概念是真實性（就如同本書其他重點一樣）。我知道，許多學校領導人認為品格教育是學校的優先事項，但認為品格教育是學校優先事項的人卻少得多，對他們而言，這是個人優先事項。如果品格發展不是校長真正的個人優先事項，那麼它就無法成為這所學校最高的優先事項。如果你自己無法做到，你就不能要求他人致力於自我檢討和示範。如果這是他們個人的優先事項，他們就會按需要分配資源。前文提及派特・麥克沃伊校長的比喻，校長如同一位好萊塢的電影製作人一樣，還記得嗎？

弗雷斯諾州立大學（Fresno State University）歷史最悠久的品格教育中心主任——傑克・班寧加，提醒我們還要考量校長的持續性。事實上，讓優秀的領導者留任足夠的時間，就能深入且持續地促進一種健康的成人文化及整體的校園文化——以及品格教育的廣泛性手法——對於有效性至關重要。

⮜ 領導品格之領導者的品格

領導有許多理論和風格。有鑑於我們對 PRIMED 六大設計原則及其在品格教育中應用的關注，我們將關注的範

圍縮小至三個部分重疊的領導框架：互聯型領導者（The Connected Leader）、僕人式領導者（The Servant Leader），以及信賴型領導者（Trustworthy Leader）。這些反過來又會產生一組部分重疊的領導者關鍵特質。其中大部分可以理解為理想學校（和品格教育）領導者的品格優勢、個性特徵，或甚至美德。

◁ 互聯型領導者

互聯型領導者是我以前四位博士班學生，茱莉・佛魯、艾咪・強斯頓、布萊恩・麥考萊以及凱文・納瓦羅（Kevin Navarro）所創建的一種理論模型。朱莉是聖路易斯第一特許學校（Premier Charter School）的校長，這是一所國家品格學校。艾咪・強斯頓曾是密蘇里州法蘭西斯豪威爾中學的校長，也是一所國家品格學校，他現在是一位國際品格教育顧問。布萊恩和凱文在獲得博士學位後都換了工作，布萊恩曾於猶他州瓦薩奇學院〔Wasatch Academy〕擔任招生及行銷營運副校長，而凱文現任北卡羅萊納州格林斯伯勒蒙特梭利學校〔Greensboro Montessori School〕的校長。互聯型領導者有三個主要模型群：脆弱型領導者（the Vulnerable Leader）、轉換型領導者（the Transformational Leader）以及專業成長型領導者（the Professional Growth Leader），以及

衡量所有這些領導者的最佳實踐。這是一個複雜的模型，因此我們將只關注某些面向。在此所要討論的具體特徵是：開放（openness）、謙遜（humility）、真實性（authenticity）、道德的（ethical）、啟發的（inspirational）、挑戰性的（challenging）、關懷的（caring）、賦能的（empowering），以及充實他人的（enriching）。

⋘ 僕人式領導者

根據羅伯特・格林里夫（Robert Greenleaf）的描述，僕人式領導的前提是領導者應該主要為他們所領導的人服務。我的好朋友迪克・皮柏（Dick Pieper）是一位從皮柏電子公司退休的執行長，當他開啟他的企業領導之旅時，就將這一點銘記在心。身為一名基督徒，他問自己，「耶穌會如何經營一家公司？」他的答案是什麼？就是為員工及客戶服務。而他也這麼做了，部分是藉由不斷調查這兩群人的需求、興趣及關切的事物，然後努力滿足他們。因此，他建立了一家蓬勃發展的全國性公司，當決定退休時，他選擇以遠低於其他公司提出的價格出售給員工，因為他認為他們協助建立了公司的成功。在許多層面上，這呼應了派特・麥克沃伊將學校領導者比喻為好萊塢的電影製作人的說法。在約翰・鄧普頓基金會的慷慨支持下，我的同事梅琳達・比爾研究了僕人

式領導者的各種表現形式，並將僕人式領導者的核心美德清單縮小為以下所列範圍：崇高目的（noble purpose）、勇氣（courage）、謙遜（courage）、寬恕（forgiveness）、感恩（gratitude）、遠見（foresight）、賦能（empowerment）以及經營（stewardship）。你可能會發現，此清單和互聯型領導者模型之間有所重疊。現在，我們將仔細研究品格領導者的品格（請注意，要瞭解更多的品格特徵，可搜尋兩個絕佳的資料來源網站 www.characterlab.org 及 www.greatergood.com）。

⵹ 優秀而有效的學校領導者特徵

關於偉大領袖的本質有許多觀點，我們無法深入研究所有的觀點。我們將聚焦於那些與道德（morality）、倫理（ethics）以及在所有學校關係人之中建立關懷、道德的學習社群最相關的特徵。這些與品格發展教育尤其相關。這些特徵與成人最為相關，例如教職員和父母，他們是領導者的核心角色。它們主要來自三個框架：互聯型領導者、僕人式領導者的美德，以及信賴型領導者的特徵（由梅根·特恰寧-莫蘭（Megan Tschannen-Moran 提出）。共有十八個特徵，分為三個：領導者的內在力量、支持個人和組織發展的特徵，以及領導者建立關係及／或信任的特徵。雖然這些群組是有

其道理的，但許多特徵與不止一個群組相關並可以被歸類其中。此外，雖然這些都是關乎品格學校的領導者，但它們實際上是通用的領導優勢（leadership strengths）。

首先，我們將討論每個群組以及相應的特徵（詳見 P.158 表格）。在每個群組之下，提供了一份問題清單，可供自學或其他方式學習，作為評估你或其他人所具有每項特徵的程度。接下來則是關於專業領導發展和如何使用清單的一些建議。

■ **領導者的內在力量。** 優秀品格教育領導者具有八項內在優勢。從某種意義上說，這些最接近於領導者品格的定義。

（1）有效的領導者必須自問，在自身的工作背後是否有一個崇高目的（noble purpose）。你是被召喚而做自己所做之事嗎？它是否是為了更大的利益著想？你的崇高目的是什麼？崇高目的是一種追求良善的目的，超越對自己有益的事物，轉向為他人及我們身處的世界服務的良善。有一位校長，寫下了一份關於個人教育理念的簡短聲明——其中包括他的崇高目的——並寄送給每一位申請擔任學校教職的人。

（2）第二種內在力量是謙遜（humility）。謙遜並不代表自我貶低。更準確地說，它需要瞭解自己的優勢，連同自己的弱點。這就關乎準確的自我評估，也與

去中心化有關。有一句名言經常被錯誤地認為是引自作家 C・S・路易士，但實際上可能來自美國作家肯・布蘭佳（Ken Blanchard）：「謙遜不是把自己看低，而是更少地考慮自己。」謙遜對領導者很重要的原因在於它讓人為他人服務，因為它提供了將他人放在首位的觀點和基礎，當然也將他人放在滿足個人自負心態之上。我時常告訴教育工作者，僅僅仰靠自己來尋求解決方案及想法，我們正在浪費周遭人的智力，包括那些孩子，甚至是更小的孩子。我將這個問題稱為「人才流失」（brain drain）。當領導者沒有表現出謙遜時，許多教育人員的默認選擇就是聽從校長的判斷。對領導人而言，這情況可能很有吸引力，並導致威權主義更加嚴重。謙遜的另一個關鍵部分，是認知到我們都有缺點並且容易犯錯。普林斯頓大學的羅伯特・喬治（Robert George）完善地表達了這件事，他說：

我們都必須承認，我們都持有錯誤的信念。我們只是不知道是哪些信念。〔所以〕我們要重視的應該是真理，而不是我們的個人觀點；也就是說，我們應該想要發現哪些信念是錯誤的。

（3）第三種內在力量是仁慈（benevolence）。要把仁慈安放在什麼地方，這讓我糾結不已。梅根・特恰寧 - 莫蘭將它歸納為建立信任的特徵，因此它可以簡單地歸入第三群組：關係和信賴度。我把它當作一種內在的力量，因為其核心是一種關懷的態度，也就是克利夫頓・陶爾伯特在其著作《給教育者八個心的習慣》（*Eight Habits of the Heart for Educators*，中文書名暫譯）中所說的撫育的態度（nurturing attitude）。這是對他人福祉的普遍關切。一種存在於世界的方式。成為一名有效的教育領導者，正意味著重視並接受所有人。領導者需要關心孩子⋯⋯而且是深切地關心。但他們也必須關心教師、非教職人員以及家長。教育是一種服務性的職業。為了提供優良的服務，需要真誠地關心那些被服務的人。特殊教育專家斯科特・丹佛斯（Scot Danforth）過去曾為特殊教育教師上過碩士班課程，其中唯一的指定作業是行動研究專案。每一位教師都被要求找出他們最不喜歡的一位學生（多數的情況下，這很容易做到），接著要試著更喜歡他們（不是讓孩子更討人喜歡，不是改變孩子，而是改變教師對孩子的態度）並記錄這段旅程。但關心還不夠，因為一

個人也需要理解他人並與他人建立關係的能力。正如美國萊斯大學（Rice University）杜爾新領導人學院（Doerr Institute for New Leaders）的湯姆‧柯帝茲（Tom Kolditz）所說，領導者「需要藉由他們所領導之人的眼光來看世界」。

（4）第四種內在力量是道德的（ethical）。道德或倫理對於人們的重要程度各有不同。這也是信賴度的一個因素，因此它本可以列在第三個群組中。道德認同（moral identity），是指成為道德上的好人，多大程度上是你自我意識的核心。你真心地渴望成為一位有道德的人嗎？你認為你是一位有道德的人嗎？讓你做正確事的動機是什麼？有時，我們做正確事，是出於物質獎勵或是社會認可等外在因素，但我希望我們是基於善意而為之，也就是說，因為我們重視道德。領導者要憑藉他們的正直來領導。道德指南針是思考這個問題的另一種方式。

（5）第五種內在力量是道德勇氣（moral courage）。道德（ethical）意味著學校領導者需要以對道德和道德的明確承諾為動力。但是，做正確的事往往會同時面臨障礙。因此，在面臨恐懼、威脅以其他的障礙之際，要做正確的事，他們也需要勇氣。

（6）第六種內在力量是感恩（gratitude）。感恩是一種對你所擁有及所獲得事物的感激之情。它與應得權利（entitlement）相反，應得權利是一種你有權擁有你所擁有及所得到的一切的感覺，再加上一種怨恨感和專注於自己所沒有的事物。根據《感恩之力》（Gratitude Works!）一書的作者羅伯特‧艾曼斯（Robert Emmons）表示，感恩的好處在於，它有助於改善我們人生中的重要部分——例如：工作表現和人際關係——並且有助於我們應對嚴峻的人生挑戰。

（7）第七種是誠實（honesty）。身為一位說實話的領導者，對於在一般情況下必須完成許多事物的領導者，以及作為品格學校的領導者來說，都是根本。

（8）第八也是最後一種的內在力量是寬恕（forgiveness）。寬恕的重點是關於一個人的內在自我，而不是關於被原諒的人。它是一種動力和能力，讓人可以放下對真實或感知到的錯誤的憤怒，以擺脫那些有毒的感受所帶來的負擔。許多領導者告訴我們，要寬恕那些真正讓你難以實現崇高目的之人，是如此困難——卻又至關重要——例如：長期抱怨或不合作的父母、經常引發問題並被送離教室的學生、暗中破壞又凡事反對的教職員，以及操縱和不公正的上司。

領導內在力量的反思問題

崇高的目的

● 對於想要帶領的學校，你有明確的願景嗎？

● 你的願景是否明確地建立在自己認為已清楚表達的重要價值之上？

● 無論是在個人層面（例如：學生的道德品格發展）或是在公眾層面（在世界上行善），它是否都聚焦於良善？

● 你是否清楚表達並分享自己的願景？

● 針對你的願景，是否接受反饋及改進？

謙遜

● 你是否把學校的利益放在個人之前？

● 你是否關注他人，也就是說，是否會傾聽他人，是否關心他人的福祉等等？

● 你會承認自身的錯誤或知識不足，還是採取防禦姿態並試圖掩蓋事實？

● 即使它會讓你身處不利地位，也會說實話嗎？

● 對於自己的行為、政策及決定，你會為後果負責嗎？

- 當你需要幫助時，會尋求協助嗎？
- 你是否承認並仰賴他人所擁有而自己卻沒有的優勢？

仁慈

- 你是否會投入資源（時間、金錢、政策，及結構）來照顧學校社群中所有成員？
- 他人的感受對你而言重要嗎？
- 你真心地在乎別人嗎？即使是具有挑戰性及不太討喜的那些人？
- 你愛小孩嗎？即使是那些時常因行為不端而陷入麻煩的學生們？
- 你是否認知到，我們所有人都並不完美？
- 你能避免對犯錯的人進行批判嗎？是否將他人的軟弱視為一項缺點？

道德的

- 你有自己的道德指南針嗎？你的人生是否以行善且做正確事為目標？
- 對你來說，良善比成功更重要嗎？
- 你是否遵循黃金原則（或白金規則：己所不欲勿

施於人）？

- 當看到有人犯下過錯時，你會干預嗎？
- 你能抵抗同儕壓力、傳統、權威及／或大眾輿論去做正確的事嗎？

道德勇氣

- 當面臨嚴峻的道德挑戰時，你有承擔的力量嗎？
- 你願意為正確之事受苦嗎？
- 你能做出艱難的決定，加以承擔並堅持下去嗎？
- 你的教職員是否可以信任你做正確的事，儘管這件事很難做到？
- 你的教職員是否相信當他們做正確的事時，你會支持他們？
- 即使不受歡迎，你是否會說出自己的想法及真話？
- 你是否願意走出自己的舒適區，甚至為了做正確的事而將自己置於風險之中？

感恩

- 對自己的人生，你心存感激嗎？
- 對自己的工作，你心存感激嗎？
- 對自己身邊的人們，你心存感激嗎？

- 你是否讓人們知道你對他們的感恩？

- 你看到的杯子是半滿的，而非半空的嗎？

- 你是否時常會寫感謝信給教職員、學生、家長及其他人？

- 你是否會每天一一寫下自己感恩的事物？

- 你是否鼓勵學校裡的其他人也這麼做，甚至為他們創造架構及練習來反思和表達他們的感恩？

誠實

- 你是否重視真理，多過於和諧和受歡迎？

- 你是否會積極努力說出自己相信的真相？

- 對你而言，別人說真話或不說真話重要嗎？

寬恕

- 你是否認識到對他人的憤怒，會阻礙自己的幸福和效率？

- 你是否努力地卸下自己對他人的憤怒？

- 你是否能夠找到建設性的方式來擺脫不公正且毫無根據的障礙？

- 是否能對那些曾傷害你的人維持健康的關係？

■ **促進個人和組織的發展。**有四種領導優勢（leadership strength）有助於支持聚焦和促進組織發展及組織中的個人發展。

（1）第一種優勢是具挑戰性（challenging）。學校是進步的機構，是關於學習和成長，作為人向前邁進的地方。正如亞維絲・格拉澤所說，教育工作者「做的是改變人的行業」。對於兒童及成人都是如此。茱莉・佛魯格提出的專業成長領導者（the Professional Growth Leader）的概念，是關於一種致力於創造成人文化的領導風格，以成為最佳和最有能力的專業自我。一個關鍵方法，是讓學校對所有人，包括成人，都富有挑戰性。具挑戰性，是許多這些優勢的交匯點。具道德又鼓舞人心的領導者，能更容易地挑戰他人並更使力地推動他們進步。哈爾・伍爾本在他的高中教室裡有一個標語，提出的建議是「不要把車停在你的舒適區裡」。羅恩・柏格經常會問道：「你做到最好了嗎？」領導者也應該抱持著同樣理念來面對學校的教職員們。

表格 10.1　領導優勢

內在力量	促進發展	關係信賴
崇高的目的	具挑戰性	開放性
謙遜	充實他人	真實性
仁慈	遠見	能力
道德的	經營	啟發的
道德勇氣		賦能
感恩		可靠性
誠實		
寬恕		

（2）支持成長的第二項特徵是充實他人（enriching）。我們都需要新的學習，如我們剛剛看到的生活中的挑戰讓人成長和蓬勃發展。領導者的職責是藉由提供新的機會、角色及資源來示範這種充實性（enrichment）。有一句英文格言是這麼說的，「你需要餵養教師，他們才不會吃掉孩子。」（「You need to feed the teachers so they don't eat the children.」）[10] 餵養所有關係人的思想和靈魂，就是一個深刻的真理。提供優質的專業發展是充實和餵養員工的關鍵途徑。

（3）第三個特徵是遠見（foresight）。許多年前，K・華納・謝伊（K. Warner Schaie）提出了成人智力發展的各個階段。他聲稱，成人思考的一個特點是能夠

長期思考並持續地監控進展。這不僅適用於個人的狀態，也適用於組織發展。這與組織領導者尤其相關，例如：校長。我們需要有長遠眼光的領導者，無論是對自己、對學校社群的個別成員，或是對整個社群。在這麼長的一段時間內，他們還需要監控學校的發展進度。市場導向的社會，像是美國，考量的都是短期內的影響和指標：上一季度的盈虧是什麼？但學校不是如此運作的。我們經常試圖讓孩子在採取行動之前思考行為的後果。這是相同的，但期間要更久，並且要採取一整個組織的觀點來思考。

（4）支持成長的第四項特徵是經營（stewardship）。有一種思想實驗叫做「公共資源困境」（the commons dilemma）。一小群人被告知他們是假想的某個城鎮的居民，他們的食物來源僅限於當地池塘裡的魚。他們被告知，如果每天集體捕撈不超過十五條魚，池塘中的魚群將會繼續繁殖，但如果他們集體捕撈超過十五條魚，那麼魚的數量將會下降，直到他們

10　這句話出自出書籍《如果你不餵食老師，他們就吃掉學生！：管理者及教師的成功指南》（*If You Don't Feed the Teachers They Eat the Students!: Guide to Success for Administrators and Teachers*），書名意指最佳領導者要培育一種鼓勵教師引導學生走向成功之路的能力，能有效改善學校風氣、與家長及學生溝通，最終改變學生們的人生。

的子孫再也沒有食物可以吃。接著，每個人都會私下「捕魚」；也就是說，每個人都會表明自己第一天要吃多少條魚，隔天也是，接下來的隔天也是。在幾個週期過後，多數的團體會吃光所有的魚，並耗盡整個城鎮的食物，如果不是在他們這一代，那麼就是下一代了。這情況與經營正好相反，並且顯然與我們都面臨的許多環境挑戰有關。除非你是開辦新學校或關閉學校，否則你只是在一群已領導或將要領導學校人鏈中的一環。所有學校領導者都被賦予了學校所有人的重責大任，尤其對於孩子，還有對於學校本身，不僅現在還有未來。湯姆·柯帝茲曾這麼說過，「培訓領導者的重點，不是對這個領導者的影響，而是對諸位現在或以後領導的人的影響。」你應該要認知到遠見、賦能及僕人式領導在經營中的角色。對託付給你的事情的經營應該是突出的、激勵的，並且深刻的。這是一份意義深遠且神聖的信任，也是一份重大的責任。我們都站在這些比我們先來的巨人肩上，這就是為什麼我們比他們看得更遠。我們都在生命的池水中製造漣漪。我們需要能夠瞭解這一點並非常認真地承擔此一責任的領導者。

關於領導者如何努力發展個人及組織的反思問題

具挑戰性

- 你是否會為他人提出問題和經驗，從而挑戰並協助他們成長？

- 你是否看到他人的可能性，並採取行動讓他們更有可能成功？

- 你是否創造讓人們必須承擔新任務及角色的環境？是否為這樣的體驗及情況提供學習鷹架？

- 你是否會為學生示範並支援體驗式教學法？對教職員也是如此嗎？

- 你可以接受失敗嗎？是否創造了一種安全的文化讓教職員及學生不害怕失敗？

- 你是否鼓勵和支持教職員取得學位及證照，並承擔全新又具挑戰性的角色？

充實他人

- 你是否優先考慮創新，特別是在充實學校的學習及發展環境？

- 你是否注重教職員的專業成長？

- 你是否與教職員一起領導讀書會或其他的學習小

組？

- 你是否在尋求更新、更好的方法和架構？

- 能否為他人和我們身處的這個世界帶來繁榮？

- 你是否策略性地為學校帶來新概念，從而充實學校的文化、方法及成果？

遠見

- 你是否深切關注未來，更甚於現在的自己？

- 你是否充滿熱衷、主動宣導並採取行動來支持如和平、環境健康、傳達給兒童的道德訊息等廣泛議題？

- 為了學校的長遠發展（即使在你離開之後），你是否曾思考並規畫如何履行你的職責？

- 你是否致力於長期改善自己被賦予的責任，來擁護「治癒世界」的理念？

- 你是否有針對學校的永續性發展計畫嗎？

- 你是否在學校的教職員之中尋找未來的領導者？

經營

- 你是否有一項策略性計畫？

- 該項計畫是長期的嗎？

- 你是否經常地／定期地監控進展？

- 你覺得自己對學校的長期福祉有責任嗎？

- 循著你的策略目標旅程，你是否有清楚的步驟？

■ **關係／信賴**。第三組群組的領導特徵，包含支持關係建立和對領導者信賴感的六項優勢。我們將於本書下個章節說明關係，也就是 PRIMED 六大設計原則中的「R」，這對於高效學校和品格教育至關重要。我們也將會看到，校內的信任可以提升學校風氣、學業成就，及品格發展。特別重要的是，提高教職員對學校領導者的信賴感。

（1）第一項關係／信賴的優勢是開放性（openness）。有些人非常公開透明；他們很容易流露自己的感受，他們毫不猶豫地讓他人瞭解自己。我們都認識那種直白坦率的人，還有其他將我們隔絕於外的人。優秀的領導者需要對自己感到自在，願意展現脆弱，並願意與他們所領導的人和其他學校關係人真誠地分享自己。當然，這需要慎重的判斷力，因為校長為學校設定了情緒的基調，而且有時較為溫和的舉止會有更大的助益。

（2）第二項關係／信賴的優勢是真實性（authenticity）。在《教學的勇氣》（*The Courage to Teach*）一書

中，派克・巴默爾特別關注的是真實面對自己的必要性。他聲稱，如果你不瞭解自己就不能成為一名卓越的教育家──這是一種古老的儒家美德──然後從真實的自我來進行教學。蘇格拉底告訴我們，認識自己便是智慧的開端。一個領導者需要從真實的自我來領導。深入挖掘真實自我、選擇領導的原因、以及如何最好地為所領導的人服務是重要的關鍵。真實性也可以理解為誠信的一種形式，你們之中有許多人可能將其當作學校的核心價值或美德。史蒂夫・卡特（Stephen Carter）在其著作《誠信》（*Integrity*，中文書名暫譯）一書中，確立了誠信的三個要素：（a）釐清是非對錯；（b）做自己當時所知是正確的事（即使這麼做會付出代價）；（c）公開地承認你所做所為都是自己知道正確的事。另一種理解「誠信」（integrity）的方法，是它的拉丁字根來自「integer」這個字。這個字根的概念是一體、單一性，及一致性。它指涉的意思是自己的價值、言辭、行為一致。在本質上，誠信正是湯姆・利科納不時建議的事，「實踐自己所宣揚的事，但不要忘記宣揚自己所實踐的事。」信任對於有效領導至關重要。如果你不真實，沒有表現誠信，人們

就不會信任你。羅伯特‧喬治曾如此告誡我們，誠信是極為罕見的，但我們不僅要「接受所有人無以避免的過錯，特別是我們自己」，並「肯定人們之中罕見的誠信實例，尤其是當我們和他們意見相左的時候。」 從本質上而言，他將謙遜和真實性兩者加以結合。

（3）第三項關係／信賴的優勢是能力（Competence）。員工對領導者的信任程度，取決於他們認定領導者能勝任其職責，並且在一般情況下也是一位教育工作者。雖然這適用於學校領導者的所有任務和能力，但就我們的目的而言，它主要與品格教育核心領導任務有關，例如管理成人文化、指導和示範發展式行為管理之理念和系統，以及提供相關專業發展的專業指引。

（4）第四項元素是啟發性（Inspirational）。我認識許多低調、說話溫和的校長，他們都是優秀的學校領導者，特別是品格學校的領導者。作為一位給予啟發的人，是關乎別人因為你而做了什麼，而不是你做了什麼。其他人是否會追隨、效仿並欽佩你？要成為一個有效的領導者，其他人必須跟隨你才行。將魅力型領導者、啟發型領導者加以區分會很有幫

助。前者總是受到人們喜歡，也可能受到尊重；後者則總是受到人們尊重，也有可能被人們喜愛。

（5）第五項關係／信賴的特徵是賦能（Empowerment）。卓越、有愛心的教育者，其實也可能是獨裁者。他們可能是仁慈的獨裁者，但無論如何都是獨裁者。教育者以任何有意義或重要的方式直覺性地分享權力和控制，這是較為罕見的情況。由於賦能是 Primed 六大設計原則中的「E」，稍後將會深入討論，因此我們在此不再贅述，賦能給他人是一種尊重他人的形式，有助於建立關係。

（6）第六項關係／信賴的特徵是可靠性（Reliability）。信任某人的一個核心要素，是知道你可以依賴他或他。其中一個部分是坦率的（開放的、真實的），而另一個部分則是可預測性。領導者是否會依照他們說過的話、以及你對他們的期望來行事？你可以指望他們的可靠性嗎？

關於領導者如何建立關係及信任的反思問題

開放性

● 你樂於聽取他人的意見嗎？

- 你是否會徵求意見？
- 收到意見後，你會反思並認真地加以考慮嗎？你願意改變嗎？
- 你是否重視創新、新想法及創造力？
- 你是有彈性（而不死板）的人嗎？
- 你是否會尋求與自己不同的見解？

真實性

- 你會實踐自己所宣揚的事嗎？
- 不管和誰相處，你都是同一個人嗎？
- 人們是否覺得他們可以信任你？
- 你是否始終如一地按照自己的原則過生活？
- 你是深思熟慮（而不衝動）的人嗎？
- 你很瞭解自己嗎？你是內省的嗎？
- 人們是否清楚地知道你是誰、你看重的價值以及你行事的原因？
- 你是否有意識地讓他人知道你的動機和行為？

能力

- 你擅長理解他人嗎？
- 你是否有效建立、維持及修復與他人的健康關係？

- 你知道如何並且示範以有效的方式與他人合作來改善他們的行為嗎？
- 你是否為個人／專業成長樹立榜樣，是否能夠激勵他人發展及成長？
- 別人是否認為你是一個稱職的領導者？

啟發性

- 其他人會想要跟隨你嗎？
- 你是否激勵他人參與你的崇高目標？
- 其他人會尊重並仿效你嗎？
- 你能夠僅僅藉由示範自己想讓人們成為的樣子或去實踐的事，來改變別人的行為嗎？
- 你能激發出別人最好的一面嗎？

賦能

- 你會與他人共享權力嗎？
- 你是否會鼓勵教師與學生共享權力，並創建更民主的班級？
- 你是否真正地將權力賦能給他人？
- 你會聆聽他人所說的話嗎？
- 你具有協作的領導風格嗎？

- 你是否願意在爭論和分歧中「認輸」？

可靠性

- 你是否努力信守承諾並在期限內完成任務？
- 人們是否覺得他們可以指望你兌現承諾或完成他們的期望？
- 人們是否認為你的行為可以預測並始終如一？

學校領導者於品格教育的專業發展

二十多年來，我一直在為學校領導者提供深入且持續的專業發展，主要是在聖路易斯地區。這個項目大多是藉由我們簡稱為 LACE（https://characterandcitizenship.org/programs/leadership-academy）的「品格教育領導學院」所完成的。自 1998 年以來，我們每一年接收一班（或兩班）大約三十至五十五名學校領導者進入品格教育領導學院。接著，我們為他們提供為期一年的一系列專業成長體驗。品格教育領導學院的大部分內容都建立在兩個元素之上。首先，每月舉辦一次全天的聚會，通常是由品格教育領域的一些主要思想家所引領的工作坊，這些人的名字你已透過本書陸陸續續認識了，他們包括湯姆‧利科納、哈爾‧伍爾本、克利夫頓‧陶爾伯特、亞維絲‧格拉澤、羅恩‧柏格，以及菲

爾‧文森等。第二個關鍵要素是課程。每一位品格教育領導學院的參與者，都需要組建（或是重新設計）一個學校本位（site-based）的品格教育團隊，並且每個月他們都會被分配一項反思作業（reflection assignment）與團隊一起完成。透過這種方式，我們將協作式領導（collaborative leadership）引入我們的方法中。指定作業的範圍相當廣泛，包括了增加關係人的支持、評估計畫、一個變項的 SWOT 分析（優勢、劣勢、機會、威脅），以及他們學校品格教育的關鍵要素分析等等。最重要的是，他們要以書面的形式提交作業，並且會收到一位品格教育領導學院主任所提出的建設性／批判性回饋，他們則將這些回饋建議帶回他們的團隊，加以考量並整合至書面的檔案之中。其他品格教育領導學院的元素，則包括針對典範學校的實地考察、主要書籍的啟動圖書館藏書，以及每個月進行分享的「晨會」。至目前為止，在聖路易斯市約有三十個班像這樣的群體經歷領導學院提供的體驗，而在其他地點（堪薩斯城、密爾沃基）也完成了五個班。

　　品格教育領導學院也為領導者的專業發展創造了其他機會。台灣的宏達文教基金會資助了一個基於影片的 LACE 融合式學習版本，他們現在正將其翻譯成中文形式，但可以在其他地區以現有的英文形式或透過翻譯使用（藉由鄧普頓世界慈善基金會的資助，我們也即將把它翻譯成西班牙文）。

這個融合式學習版本規劃有為期九個全天的研討會，包括 LACE 演講者的影片、促進者（facilitator）指南、小組活動，以及 LACE 課程。我們還獲得了約翰・鄧普頓基金會的資助，可以整合梅琳達・比爾博士（如前所述）的工作成果，將僕人式領導引入品格教育領導學院，並創建關於僕人式領導的獨立專業發展課程單元。透過柯恩家族基金會的資助，我們創建了 LACE 課後指導元素，其中 LACE 畢業生將得到一至兩年由現任或前任校長提供的現場指導，而這些校長本身都已在領先的品格學校中獲得了卓越的認可。

在 LACE 畢業生的建議下，我們創建了長達一星期的 PRIMED 品格教育學院（PRIMED Institute in Character Education 以 下 簡 稱 PICE，https://characterandcitizenship.org/program/summer-institute），我們在聖路易斯實行十五年之久，並在宏達文教基金會的支持下在台灣實行近十年。鄧普頓世界慈善基金會資助了哥倫比亞的 CoSchool，曾於 2019 年及 2020 年在其波哥大校區執行了 PICE，並於 2021 年透過泛美大學（Panamerican University）在墨西哥哈斯科也執行了 PICE。PICE 有三個主要的目標：（1）為期一星期品格教育的沉浸式學習；（2）團隊建造；（3）品格教育的策略規畫。

關於 LACE 在聖路易斯地區的影響，雖然我們沒有數據，但我們可以從一些其他的數據中推斷出來。我們不知道

聖路易斯地區學校的確切數量，但密蘇里州有兩千多所學校，大致占了全美所有學校（快要接近十萬所學校）的 2%。因此，聖路易斯地區僅占全美學校不到 2%。然而，聖路易斯地區卻幾乎占了國家品格學校的 1/4，畢業於 LACE 的校長所帶領的學校幾乎占了所有國家品格學校的 1/5。支持學校領導者的深度專業發展，並以品格教育為核心，這對學校的品質產生了深遠的影響。幸好有約翰·鄧普頓基金會，很快地，我們的 LACE 加上僕人式領導模型（LACE plus servant leadership model），我們稱之為「CEEL」，將獲得經驗性證據證明其所帶來的影響。同樣值得重申的是，深度的實證品格教育也可以提高學業成績。這是一個三贏的勝利局面。

◁ 針對每個領導特徵使用問題的技巧

　　每一組領導群組的最後都會提出一些問題，你可以通過各種方式使用：

● 自行簡單地回答這些問題，作為一種自我反省的活動
● 針對每個問題從一至五分為自己評分：
　　1. 從未或幾乎從未。
　　2. 有時但不經常。

3. 定期性或偶爾。

4. 經常。

5. 總是或幾乎總是。

● 透過簡單地回答問題或使用評分量表來幫另一個人評分。

● 讓一群人（例如：學校的教職員）進行自我評估，接著，也許可以進行小組討論，讓人們從中收集到一些見解。

● 請你的員工使用評分量表對你進行評分，然後匯總結果。如果你夠勇敢（記住，勇氣是我們的領導美德之一）的話，將綜合的結論給教職員看，接著一起討論。

● 進行一個 360 度的程序，你為自己評分，讓你的上司為你評分，也讓你管理的下屬幫你評分。然後比較這些結果，最好是與他人進行討論。

● 使用任何這些程式的評分結果來辨識優勢和成長的領域。然後，根據結果來制定個人改進的策略計畫。你想努力加強的是哪些具體的特徵？請創建一組「SMART 目標」（smart goals，具體的〔specific〕、可衡量的〔measurable〕、可實現的〔achievable〕、相關的〔relevant〕，以及及時的〔timely〕）。你可以在網路上找到許多 SMART 目標的工作表範本，也可以考慮是否要找一位「績效責任合作夥伴」（accountability buddy）來定期檢視，以有助於監控你的進度並讓你維持在正確軌道上。

✂ 「優先考慮」相關參考資料

書籍

1. 《學校裡的信任：改善的核心資源》（*Trust in Schools: A Core Resource for Improvement*，中文書名暫譯）Bryk, A., & Schneider, B. (2002). New York: Russell Sage Foundation.

2. 《邁向目的之路：幫助孩子發現內心召喚，踏上自己的英雄旅程》（*The Path to Purpose: How Young People Find Their Calling in Life.*）Damon, W. (2009). New York: Free Press.

3. 《感恩之力》（*Gratitude Works!: A 21-Day Program for Creating Emotional Prosperity.*）Emmons, Robert (2013). San Francisco: Jossey-Bass.

4. 《寬恕的勇氣：寬恕的八把金鑰》（*8 Keys to Forgiveness.*）Enright, Robert (2015). New York: W.W. Norton.

5. 《目的教學：讓學生為有意義的生活做好準備》（*Teaching for Purpose: Preparing Students for Lives of Meaning.*，中文書名暫譯）Malin, Heather (2018). Cambridge, MA: Harvard Education Press.

6. 《開學前六週》（*The First Six Weeks of school (2nd Edition).*）Responsive Classroom (2015). Turner Falls, MA: Center for Responsive Schools.

品格教育

7. 《信任很重要：成功學校的領導力》（*Trust Matters: Leadership for Successful Schools (2nd Edition).*，中文書名暫譯）Tschannen-Moran, Megan (2014). New York: Wiley.

8. 《好老師會做的二十件事》（*Lessons from the Classroom: 20 Things Good Teachers Do.*）Urban, Hal (2008). Redwood City, CA: Great Lessons Press.

網站

1. www.characterlab.org

2. www.evworthington-forgiveness.com

3. www.greatergood.com

4. internationalforgiveness.com

⟨ PRIMED 六大設計原則的行動計畫工作表：

優先考慮策略

「優先考慮」：確保將品格教育作為一項策略，並將品格發展作為學校／學區真正（明確的、支持的）優先考慮的一項成果。

基於實證的實施策略：

　　修辭：核心價值／共享目標／共同語言

　　資源：針對品格教育的領導資源配置

　　　　　　有意識地創建一個學習社群

　　　　　　投資於品格教育的專業發展

　　風氣：安全的環境

　　　　　　評估學校文化／風氣

　　　　　　對教師們的信任

　　　　　　全校性的品格教育文化／焦點

　　　　　　關懷的班級／學校風氣

　　結構：品格教育廣泛性的方法

　　　　　　學校陳列（school displays）／獎勵

　　　　　　明確的規則

　　　　　　品格／社會情感學習（SEL）的評估和回饋

　　領導力：校長有能力領導品格行動

第一步：

　　請至少辨識並寫下兩個你的學校／學區已實施的優先策略。針對你學校的目的及運作，你可以採用上述項目或認為會增加品格教育優先性的其他方法。

1. _____
2. _____
3. _____
4. _____

第二步：

　　請至少辨識並寫下另外兩件你可以進行的事，這兩件事可增加你學校／學區的品格教育和品格發展的優先性。同樣地，也能從上述的清單中進行選擇，或者列出認為可以實行的其他項目以增強對品格教育的重視和支持。

1. _____
2. _____
3. _____
4. _____

第三篇

Primed 的六大設計原則之二

人際關係打基礎

（Relationships）

第十一章

為什麼關係很重要？

關係是高效能學校、品格教育以及品格發展的基礎及關鍵要素。根據自我決定論（Self-determination Theory），關係構成了人類三種基本需求之一，也是許多優秀的品格教育計畫的基礎。這也是為什麼在「優先考慮」這一原則之後，「關係」成為第二個設計原則。品格教育要成功，關係必須成為真實性的優先事項，事實上也是學校整體成功的前提。

在本章中，我們將會探討為何關係建立必須成為優先事項，接著在下一個章節中，則將探討具體實證的實踐，來促進校內關係人之間的健康關係發展。在本篇的第三個章節中，則會檢視與校外關係人之間的關係。

多年以前，根據與教育工作者數十年的合作經驗，我得出的結論是，為了孩子們，幾乎所有教育工作者都帶著願意為他人付出的心來投入教育。他們真心盼望學生能獲得最好的，並且真切地想要引領孩子走向學習和興旺的旅程。他們選擇這項職業，是為了提供兒童最佳的發展及學術興趣，包

括與他們共同建立健康的關係，並且培養孩子們之間的健康關係。

　　不幸的是，即便是基於最良善的意圖，他們有時也會實行無效的策略，甚至適得其反。他們假設自己良善的心意，便足以發展出健康的關係。基本上，他們沒有錯；如果你真正地關心孩子，這些關係的確會有所發展……除了那些需要更多健康關係的孩子們，但實際上他們可能會抵抗這種關係，正如同瑪麗蓮・華森在著作《學會信任》中的準確描述。而這也適用於（1）學校中的成人；（2）有情緒問題、只是害羞……或者是特殊的孩子；（3）自尊心低落的孩子；（4）受過創傷的孩子；（5）過去有不健康依附關係的孩子；（6）剛進這所學校的新鮮人；（7）學校中最常被邊緣化的人，諸如一些「非專業」的校內員工（廚工、祕書、工友等）。要成為一個真正的社群，不能只有部分成員被尊重或包容在群體中。這裡的真正訣竅是，建立廣泛和融合的關係，它必須涵蓋校內的所有成員，理想情況下也包括校外的關係人，尤其是那些不太可能擁有、卻更需要這種關係的人們。為此，關係建立（為所有成員）必須成為學校真實性的、有意識的和策略性的焦點。它必須是一個優先事項，這就是為什麼「優先考慮」是 PRIMED 的六大設計原則的第一項。

　　我們之前曾說過一句關於教育工作者的格言，在此顯得

相當貼切中肯：「孩子們不在乎你有多博學多聞，直到他們知道你有多關心他們。」我們時常地聽見孩子對我們說：「我好喜愛代數／文學／歐洲歷史。」但他們之前很痛恨這門學科，不是嗎？為什麼？因為他們喜歡現在教授那門學科的老師。關係是我們建立偉大學校和良好品格的分子。因此，我們必須有策略且有意識地培養這些關係。我們不能只是簡單認定這些事會自然發生。

　　從生涯的另一端開始探索吧。關於擁有成功和滿足的晚年，有許多的研究，其中包括一些顯而易見的事情，例如：不抽菸、維持健康的體重、不濫用酒精，並定期地運動。但這份清單中還包括一些你可能從未想過的事情，例如：不斷學習新事物。另一項，則是擁有成年後期的同伴。許多人在成年後期遭受了重大的社交損失，包括喪偶。他們所擁有的一些親密關係，特別是同儕關係，如果不是完全失去聯繫，也可能已明顯地疏遠了。你有可能結交新的「老朋友」，也就是那些早有淵源的朋友。這樣的夥伴不必是婚姻上的伴侶，甚至不是任何形式的親密伴侶。可以只是一位好朋友，甚至是一位室友。關鍵是，你必須要有一位可以依靠且足以信任的人（信任將是本書中反覆出現的一個主題），也可以與他分享人生中的節奏、挑戰及活動。社交孤立是對幸福安康的一種威脅。

將依附理論應用於教育的方面，瑪麗蓮·華森做得相當出色，我們將會在關於內在動機和發展式教學法的部分探討這一點。本質上，依附理論中說明，對於包括人類在內的多種物種而言，嬰兒與照顧者（或照顧者們）的連結關係是健康發展所必要的進化機制。對人類而言，這在生命第一年中進入高速的運轉狀態，並且在生命初始的幾年，始終處於最重要的地位。然而，依附關係仍然是我們的一部分，並在一生中不斷發展。事實上，心理學家艾力克·艾瑞克森（Erik Erikson）曾經說到，與父母的關係在我們的晚年相當重要，即便父母早已去世，他們仍長存在我們的心裡及思想中，與他們之間的關係也將持續影響著我們的身分及生活方式。

這就是依附關係如何施展魔力的方法。如果我們與一位或一位以上的主要照顧者（通常是親生父母，但也可能是其他人）保持一致的、共鳴的、滋養的互動，就得以建立一個基本的框架，認定世界是安全的、可預測的並足以滋養我們的，也能以這種觀念來看待所有人類，甚至是對動物，乃至無生命的物體。我們以信任及樂觀的態度感受周圍的世界。然而，如果早期的關係經驗是混亂的且不可預測，忽視我們的需要、充滿了痛苦信號、苛刻和傷害，或是其他不當的對待方式，那麼便會發展出一種概括的視角，認為世界是有威脅的——對他人、動物和事物都要閃避和感到恐懼。我們用

不信任和悲觀的視角來看待我們周圍的世界，在我們的餘生中，整個人格、與世界互動的方式都處於危險中。這是個大問題。人際關係對於人生前端及後端的幸福都至關重要，它所產生的漣漪幾乎能影響我們人生的各個層面。

對關係的另一個有趣的見解，是其形成的方式。一段良好的婚姻關係模式，描繪了結婚的決定（或任何形式的承諾關係）通常會歷經一系列關係過濾（relational filter）的過程。首先，是接近性（proximity），必須先有接觸才能進一步建立關係，現在透過網際網路這就容易許多了。其他關係過濾的過程有吸引力、享受彼此的陪伴，以及具備能彼此包容的信仰和價值觀等。我經常教導教育者，在學校建立關係的兩項要素，正是瞭解彼此以及和對方建立正向的相處經驗，甚至可以一起大笑。這些顯然是教師可以試著實行的事。我們將在下一個章節探討如何做到這點。

我將在此列出一些建立健康關係的基礎。這些都可以作為設計班級及／或學校體驗的基本原理和藍圖，從而增進建立健康關係的可能性。

● **傾聽彼此**：正如我們於賦能的章節內容所讀到，並且也呼應了自我決定論所教導我們的，每個人都有一項基本的需求，就是他們的聲音很重要，需要有人真心地聆聽。

● **瞭解彼此**：認識他人是最基本的，因此分享、好奇和

表露相當重要。

● **一起享受有趣的體驗**：如果可以一起玩得開心、一起大笑，我們就能容易喜歡且接受他人。

● **一起工作（最好是做有意義的事情）**：共同創造生產是建立關係的另一個基礎。

關係還有一個重要的補充——合作。在接下來的兩個篇章中，我們將會探討一般情況下與他人的關係——以及與他們真正的合作。為了進行實質有效地協作，我們應該要：

● **有效地溝通**：合作關係需要精準地瞭解對方的知識、技能、動機、策略以及價值。

● **為他人服務**：當彼此都能淋漓盡致地發揮時，合作就得以最佳化；確保這一點的方法之一，便是服務共同合作的人，支持他們達最佳發揮。

● **賦予他人權力**：限制合作夥伴以消耗對方的才能，某種程度上是破壞了合作的最佳狀態，因此賦予他們權力以盡其所能為互助做出貢獻（並尊重他們的潛力和能力）是合作的基礎。

● **以平等地位工作**：最佳的合作關係是人人平等，這是真正平衡的夥伴關係。

關係對於我們的福祉至關重要，而我們的福祉對於人生（包括在學校）的成功也至關重要。關係決定了我們成為什

麼樣的人、塑造了我們，並在我們身上留下了無可磨滅的印記。畢竟，「品格」（character）這個字詞來自希臘文，指的是某個物件上的獨特特徵，像是硬幣上的標識。正如前文所指出，自我決定論強調「歸屬感」或連結感，作為三個人類基本需求或動機之一。因此，關係可以滿足一項人類的基本需求。

剛剛探討關係在人類興旺的中心地位一些不同瞬像。現在，將轉向學校中的情況，正如我們將在本書中的作法，將會在很大程度上會依據研究結果驗證，哪些作法可以在學校中有效地培育學生的品格。

第十二章

學校裡的關係

當我們思考教育中培養關係時，必須更寬廣地思考。我們當然希望關注學生的關係，無論是同儕之間或師生的關係。儘管這是唾手可得的果實，是顯而易見的事，對學校的健全性、有效性及品格發展至關重要，但仍需要進行更廣泛地思考，遠遠超越學校有形的邊界，延伸到更廣泛一群不同類別的學校關係人。因此，這裡還將探究教職員之間、行政人員與教師之間與學校其他工作人員、甚至與相關社區成員之間的關係；當然，也包括父母及其他照顧者。有許多學生不是由父母所撫養長大，照顧者不一定總是他們的親生父母。然而，為了文字上的簡明起見，當本書談論孩子的父母時，也包括親生父母、養父母、繼父母，以及其他法定監護人和寄養家庭。在本章節及下一個章節中，將提供這種關係建立策略的一些具體例子。在這個章節中，則會將焦點放在學校中的各種關係，而下一個章節則討論學校外的關係人。

✂ 師生關係

正如加州發展研究中心（Developmental Studies Center，現為協作課堂中心〔Center for the Collaborative Classroom〕）的創始執行主任艾瑞克・沙普斯（Eric Schaps）所提醒我們，來學校的學生不擔心課程（「不知道今年我們會學習哪些新的字彙？」）。相反地，來學校時，他們擔心的是要如何與他人相處（「我希望大家都很友善。」），這也包括他們每年碰到的新教師。要特別提出的一點是，在這方面，美國往往與多數的其他國家的運作方式略有不同。美國學校通常是每年重新指派和分配教師及學生，所以學生每個學年的一開始時都要面臨許多人際關係上的不確定性。

「孩子們不在乎你有多博學多聞，直到他們知道你有多關心他們。」你還記得這一句格言嗎？好吧，對此補充一點，如果你不是真心關心他們，便不太可能可以成功欺騙他們相信你是真的關心。這是一種人類生存策略；人們得要能夠分辨真誠與虛偽的關心。人們需要知道誰能依靠、誰不能依靠，誰可以信任並支持他們，大家都是如此。我兒子幼稚園時去了位於威斯康辛州的肖爾伍德（Shorewood）的布拉夫湖小學（Lake Bluff Elementary，後來得到認證的國家品格學校），這是兩年針對四歲（K4）及五歲（K5）的半日制

幼稚園。上第一年的課程時，他很幸運碰到了一位延後退休的知名教師，他要等到孫女上他的班級後才退休。我們很幸運，他的孫女和丹尼同一年入學，被分配到同一個班級。他被人們視為一位名師，並受到如此高度讚揚的原因再明顯不過了，他真的相當了不起。這一年，對丹尼、對我們以及對於他所有的同班同學而言，都很美好。

第二年，丹尼被分配到兩位其中一位 K5 幼稚園老師的班級上。其他家長口頭上提醒，我們不會喜歡這個老師。他們說，他是個冷漠的人，一點也不像前一年的老師那麼熱情、活潑，又有愛心。身為第一次經歷這種情況的父母，我們變得緊張、小心翼翼並且十分憂心，我們可憐的寶貝男孩要因為老師的冷酷無情而受苦一整年。起初，這位年長、相當矜持、克制的老師，讓我有了一種刻板印象，即神色嚴峻、要求嚴格的「女學究」。我們的擔憂進一步加深了，我們考慮請求校長柯克・傑佛（Kirk Juffer，一位極其出色的學校領導者，他在學校長期任職，建立了一所專注於學生發展而輝煌成功的學校）將丹尼轉至另一位老師的班級。然而，我們不想成為那種直昇機父母，最終決定先不做干預。事實上，他的老師原來是一位偉大的老師，在教學和班級管理方面都非常出色。更重要的是，他愛孩子們，以自己那沉靜、不張揚，卻又可靠的方式。而孩子們也知道這一點，他們也

茁壯成長。他只是剛好和家長們（或許是所有成人）相處尷尬，但這無關他的學生的體驗。關係和愛：這就是孩子們所需要的，他們知道這一切是否真心真意，不管老師是否流露自身的情感，還是以較不明顯的方式巧妙地表達。孩子們的「關懷雷達」會偵測到真心的愛和關懷，也可以察覺到愛和關懷的欠缺。

當我的兒子就讀高中時，我被邀請至一個專注於品格教育的學區策略規畫委員會服務。委員會的成員包括了學校的教職員、家長及一些高中學生。在某一次的會議上，一位家長問學生：「如果你在學校遇到嚴重的問題，是否有人可以求助？」一個女孩準備要回答時，似乎突然頓悟了什麼，回答到一半就停了下來，帶著一臉困惑和驚訝，並以吃驚又憤世嫉俗的語氣反問那位家長：「你是指成人嗎？！」很明顯地，當他剛開始要回答時，甚至沒有考慮過成人。很明顯地，這對他來說太牽強附會了，甚至無法想像可以信任學校裡的成人來解決個人問題。我認為，這是他對校內師生關係的強烈譴責，這一所優異學校實際上有極高的學術成就，但在培育人類良善的興旺方面卻未達到目標。我堅信，在 1990 年代後期，主導科倫拜高中（Columbine High School）校園槍擊事件的兩個男孩，如果都能與學校裡的成人維持著健康的關係，那麼當天很可能不會造成任何傷亡。事實上，凱瑟琳‧

紐曼（Katherine Newman）在他的著作《橫衝直撞：校園槍擊事件之社會根源》（*Rampage*，中文書名暫譯）中，指出參與校園槍擊的學生的五項特徵，其中兩項特徵是：（1）被同儕邊緣化和（2）以非常嚴格的限制或條件被同儕接納。良好的關係和學校風氣可以緩解這兩點，這應該是顯而易見的。請記住，科倫拜的兩名學生射手的目標不僅僅是殺死幾個人，他們曾試圖帶大量炸藥到學校，足以殺害大樓中的每個人。關係可以拯救生命，我已反覆見證這件事。

就如同我前面所提及，關係建立必須有意識並有策略地實行，需要將相關的機會納入每日／星期／學期／學年的排程及架構中。教育者需要有意識且積極主動地培養關係。師生關係是如此，同儕之間的關係也是一樣。

我們已經看到了關係中的一個關鍵要素是瞭解彼此。許多學校行政，尤其是小學，會要求或建議導師在學年開始前要聯繫學生。有些人甚至會進行家訪以瞭解學生及其家人，與他們建立關係，並進一步瞭解每位學生每天上學的情況。

其他人則是對學生進行問卷調查，並搜集重要資訊，從學生家長或當學生夠大時從他們身上搜集。哈爾·伍爾本採用一份詳細的問卷調查，針對他的所有高中學生來進行，他時常以這些問卷調查來展開對話，尋找共同興趣，或以其他方式來支持關係建立或關係的強化。請記住，關係來自於瞭

解彼此以及與彼此之間的正向經驗。這當然來自「瞭解」的層面，但用好玩又有趣的方式完成。當我們後續討論學生之間的關係時，我們將會看到更多類似的例子，而這些方法也適用於師生關係上。

這種從一開始就去瞭解孩子的概念，來自我對「起點都值得崇敬」的信念。第一印象就是說明這件事的絕佳例子。許多未來的新教師都被冷嘲熱諷地告知一件事，即「聖誕節之前不要微笑」（在美國，這時已大致過了學年的一半）。這簡直是一項可怕的建議。我認為，這個想法是將課堂紀律的門檻設得相當高，教師隨著學年的推移就可以慢慢放鬆一些。但是，人們卻忽略了一個事實，如果學生沒有感受到被愛、被尊重，如果他們沒有體驗到對於歸屬感的需求，他們無論在學業或行為上都無法達到最佳表現，這是自我決定論的三大重要支柱之一。

與表現出冷漠、毫不在意的態度正好完全相反的，就是讓他們知道你立刻的關心並即刻開始建立這段重要的關係。克利夫頓‧陶爾伯特曾講述了他第一天上學的故事，他就讀於密西西比三角洲棉花種植區中一所進行種族隔離的小學。當時的他嚇壞了，不想上學。他的老師在門口握住他的手說：「快進來吧，小教授。」他發現他充滿愛與關懷，他很快地就克服了恐懼並熱愛去上學，最終在高中時以班級致詞代表

的身分畢業。如果這位偉大的老師，聽信了聖誕節前不要對學生微笑的建議，情況又會如何呢？

瞭解他人這件事，並不是一條單行道。學生也想要瞭解生命中的成人，特別是他們的老師。在《為品格而教》（*Educating for Character*）中，湯姆‧利科納提及一項絕妙的策略，設計者是來自加州聖拉蒙（San Ramon）華德迪士尼小學（Walt Disney Elementary school）的金‧麥康奈爾（Kim McConnell），他不像大多數的教師在學年一開始所做的，他就是準備、並且向學生進行某種形式的自傳式演講，這位創新的教師邀請學生就他們想知道的任何事來對他進行採訪。此外，他要求他們做筆記，記錄他所被問到的每一個問題以及每一個回答。接著，回家作業就是寫他的傳記，而且計入學分之內……但前提是學生必須要讀給家中的成人聽。

在這個簡單的課程內容中，有太多關於品格教育的最佳實踐方法（以及許多學術的實踐方法），難以一一列舉。首先，重點是讓學生來瞭解自己的老師。接著，許多學術目標得以實現，包括學習撰寫傳記、傾聽、構思問題、公開演說、做筆記、字彙及拼寫等等。然而，對於品格教育最重要的是，這位老師改變了課堂上的權力結構，賦能（PRIMED 六大設計原則中的「E」）於學生，讓學生們可以對他及這門課程

負責，由他們決定要瞭解什麼關於老師的事。而且，同樣出色的是，他加入了家長的參與感，在老師及家長之間建立了關係。家長們也立即瞭解到，他們應該要成為學生在學校學習內容的一環。而且，他們立即就可以開始瞭解孩子的新老師，這是建立關係的基礎之一。這真的太高明了。

　　許多學校開學第一天的方針，就是讓教師們迎接學生。他們在走廊定位，並與學生們擊掌、互動，讓孩子們在前去教室的路上穿過這一道愛的長廊。在維吉尼亞州紐波特紐斯（Newport News）夢想實現小學（An Achievable Dream Academy），迎接孩子們的不僅是老師們，每天早上都有來自當地美國陸軍基地的一組軍事人員前來支援。這些孩子，主要是缺乏資源（及許多高風險）的孩子，他們到達教室之前會被多位成人熱情迎接。不僅可以聽見這些陸軍成員向學生們打招呼，還可以聽到他們直呼名字，時常詢問關於個人的事或針對個人的談論。「真是漂亮的新髮型！瑪麗亞，這看起來真適合你。」「里昂，你家小狗如何？是不是吵得你們整晚不能睡啊？」等等。

　　像這樣的作法似乎越來越受歡迎——教師們在教室的門口迎接孩子。早在五十多年前，哈爾‧伍爾本就開始與他的高中學生一起做這件事，並且也發現在課堂上所有具有創意的出色新方法中，這是最簡單又最為強大的一項革新。他從

握手這件事開始，但後來意識到高中生在和彼此打招呼時往往不會握手，因此他擴展到個別學生所喜歡的任何方式（即另一種形式的賦能），例如：擊掌、擁抱，以及「祕密」握手[1]。許多小學教師都使用「三個 H」的變化作法：握手（handshake）、擁抱（hug）或擊掌（high-five）。對於較小的幼童，某些老師會選擇坐在教室門口的椅子上，與學生們保持視線水平。夢想實現小學的一位教師說，他看著孩子們的眼睛，他可以快速地察覺他們到校時是否有異狀，然後可以與他們進行單獨的對話討論，就能快速挽救原先會變得混亂、引發破壞，且徒勞無功的一天。我上一本著作的書名為《你不能透過一隻老鼠來教書》（*You Can't Teach Through a Rat*，中文書名暫譯），會有這個概念，是因為當孩子們腦子想著一些事時，如果你不處理，那一天就無法和他們溝通或教導他們。個別招呼的另一種變項，是在學校放學時進行，作為一種啟程回家的機制。

創造與每一位學生單獨相處的時間，是投資於師生關係的另一種方式。當然，這必須為了所有學生而生，既不是偏愛徇私，也可以讓最難發展健康關係的人們得到機會。多年前，我在阿蘇薩太平洋大學（Azusa Pacific University）舉辦了一場研討會。會後，有一位男人走過來，他說自己教導的

1　secret handshake，祕密握手最初是為了表達團體、組織或是幫派間的特殊關係，獨特的問語中往往常包括複雜的手勢、各種觸碰手指的方式。

是十歲的學生，期望我能對這位學生的狀況提出建議。基本上，那位學生大多時候呆滯不動，在課堂上不說話，不做該做的事等等。他聲稱，自己已經嘗試了所有方法要和那個學生互動。我很高興聽見了「我已嘗試了所有方法」這句話，因為沒有人嘗試過所有方法，這是一個絕佳的好機會來指出一個他尚未嘗試過的策略。他告訴我，學生來自一個失能家庭。當我開始多問一些問題，以確保能更負責任地答覆時，他從口袋裡掏出一張小紙條。那是他給他寫的一張紙條，上頭有一顆美麗、充滿愛意，且精心繪製的愛心，上面寫著「致史密斯先生，我最好的朋友」。我大吃一驚。首先，我很震驚的是，他居然覺得自己沒有和小女孩產生互動，其次，我很震驚的是，在某種程度上，他瞭解那張紙條的重要性，至少他隨身攜帶著並拿給我看。顯然地，他是很在意這位小女孩，並且想要改善自己和小女孩的關係。很明顯地，小女孩對他也有同樣的感受。因此，我說：「你怎麼會說自己沒有和他產生互動？他不僅指出你已經和他有了聯繫，而且也告訴你，他想如何與你互動！」我見他似乎沒聽懂，接著表示：「他想要以文字表達。所以，寫信給你了，現在你要回信給他。」

　　有另一位芝加哥高中的老師，他教導的學生是那些在資源匱乏的高中就讀的男生，他們求學之路很掙扎，這位老師

品格教育

曾經告訴我，儘管學生中多數人的閱讀和寫作水準遠遠低於該學齡的預期水準，他對所有的學生說，如果他們寫信給他，他會回信。他發現，許多學生不願面對面地公開談論自己的困境，卻願意以文字來傾吐心聲。在許多層面上，這相似於愛琳·古薇爾（Erin Gruwell）及《街頭日記》（*The Freedom Writers Diary*）[2] 的故事。這遠遠早於現今網際網路和社交媒體，所以是紙筆的書寫。而且，這位芝加哥老師總會回覆每一位學生的信件。他表示，有許多學生比他預期更為熱切地接受提議，並持續以文字形式進行溝通。今日，以電子郵件來做這件事省力得多，不是嗎？

找到共同的興趣是另一個建立關係的絕佳方法。在佛羅里達州，有一所學校將每天最後一個小時徹底變成了社團活動，主要是體能上的運動。教師被要求提出一項自己喜愛的活動或興趣來成立一個社團，每位學生都可以加入自己最感興趣的社團或活動。有的學校則是將這作法擴展至任何活動（或興趣等等），也有一些學校將其作為課後活動。還有許多案例中，學校讓學生提出相關建議，並在社團進行教學，讓教師和學生可以交換角色。這不需要僅限於合格（有教師證書）的教師。所有學校教職員都可以分享自己愛好的事

2　繁體中文版於 2008 年發行，親子天下出版。老師古薇爾的筆記透過閱讀名著以及書寫日記扭轉一百五十位桀傲不馴中學生的宿命，以自己脫胎換骨的人生作為見證。

物，也可以向他人學習。這也產生了一個非正式的架構。例如：哈爾・伍爾本每天都在自己的教室裡吃午飯，也告知學生們，如果願意，歡迎加入他的行列。有其他的老師選擇加入在學校餐廳的學生，進行非正式的午餐時光對話。

有一些教師跨越了上學時間和物理環境的限制，與學生建立聯繫。我前面已提及於學年一開始時進行家庭訪問的可能性。其他人會這樣做是為了幫助那些正在努力面對困境的學生。在密蘇里州阿諾德（Arnold）的瑞吉伍德中學（一所國家品格學校），當時的校長克麗絲汀・佩爾斯特和副校長，提姆・克魯奇利（Tim Crutchley）會分別去逃學學生的家，督促他們起床上學。家長通常會表示他們無法要青春前期的兒童或少年遵守規定，甚至要他們早上醒來或起床，他們很享受這種學校領導者的權威及協助。他們往往對此協助深表感謝。當然，這需要以一種安全和尊重的方式來進行。例如：佩爾斯特和克魯奇利都從未單獨進行此類「造訪」，而是兩位校內的成人同行。這種策略以及其他的策略都是基於他們的理念，即如果學生不在學校、不做該做的事，他們就無法有所成就。這是簡單而聰明的作法。

這個例子擴展了師生關係的邊界，因為它是關乎學校領導者而不是教師。當然，學校領導者與教師是另一種至關重要的關係——但我們不會花太多時間說明這點，因為它與師

生關係非常相似。但是，至少舉幾個例子很重要。在聖路易斯市的柯克伍德高中（Kirkwood High School），有一位名聲顯赫的前任校長富蘭克林·麥卡利（Franklin McCallie）會幫學生們拍照，他會仔細研究學生們的照片和名字，這樣他就能直呼他們的名字。麥克·荷倫（Mike Hylen）是法蘭西斯豪威爾聯合高中的前校長，這是一所郊區另類高中，專為在傳統學校中苦苦掙扎的學生而設立。每天放學時，他都會站在門口，在學生一天要結束並離開學校時，和一百多位的學生們一一擊掌。他的學生們經常會將頭探入辦公室的門內，問一句：「荷倫在嗎？」當他的祕書答覆「是」，並詢問他們是否需要和他交談時，他們往往會回答「不用」就離開。顯然地，他們只要知道他在這裡就好了。其他一些校長有一群規模較小、輪替的「諮詢委員會」，他們會聚在一起，有時還會舉辦特別的午餐來瞭解他們對學校的看法和建議……但主要是為了建立關係。

在明尼蘇達州有一所中學，屬於探索研究學院（Search Institute）中「四十個發展優勢」（40 Developmental Assets）模型的一部分，它讓教師找出每一個與他們有建立關係的學生，不僅僅是「這個學生有上我的課」。然後，檢視學校中的所有學生，並找出那些連一位老師都未建立關係的學生（沒有老師在名單中列出他們）。然後，他們推論這些學生

可能是身處困境的學生，徵求教師自願地關懷學生，因這些學生目前沒有和任何一位教師建立有意義的關係。透過日常的接觸——像是提及他們的新髮型等——慢慢地建立進一步的關係，策略性並有意識地進行。在凱倫·史密斯的學校（即聖路易斯市的馬克·吐溫小學），他們的吉祥物是航海家（為了向馬克·吐溫表示敬意），還有一個名為「航海夥伴」（Navigator Pals）的制度。任何一位學生，只要教職成員認為他可以從與成人的滋養關係中受益，都會被指派給學校的一位成人，所有成人都包括在內：校長、行政祕書、教師及餐廳廚工等。如果有學生在課堂上遇到困難、狀況不佳，老師不必訴諸於限制、懲戒或處罰。他只要簡單地說：「你想要花一些時間和（學生的航海夥伴）聊聊嗎？」接著，派他去進行短時間的造訪，和這位與他有特殊關係的成人在一起，他可以得到愛及傾聽。一般而言，他在五分鐘後就會回到教室，一點事也沒有。

這些只是建立學生及學校教職員之間關係的部分方法。還有更多可行的方式，只有受限於你的想像力和創造力而已。學生們渴望這樣的關係，因此要形塑這種關係往往相當容易。重點是要有策略地且有意識地做——通常可以透過正式的學校架構和行事曆——並且要真實地且持續地進行。此外，要涵蓋所有的學生。

✂ 學生之間的關係

如前所述，孩子需要朋友，尤其至少要擁有真實的、親社會的、健康的同儕關係，特別是當經歷童年中期及之後的那段時間。儘管，有許多小學教師會致意自己的學生互為「朋友」，但實際上並非所有同學都可能成為朋友。無論如何，與所有同學之間，至少是建立安全、相互尊重、合作並關懷的關係，無論他們是否是最為親近的朋友。

學校不能要求孩子成為真正的好朋友。然而，他們可以創造這樣的環境，讓學生與學生之間的關係不僅文明而且友善，這就有可能促成真正的友誼。我兒子在蘇格蘭的老師，讓我兒子坐在他認為最有可能成為他朋友的男孩旁邊，這故事就是一個很好的例子。要增加孩子尋得志同道合朋友這種可能性的要素之一，就是在所有孩子之間培育健康關係，尤其是在同一個班級，在這樣的環境裡創造期待日常如何被對待之共同規範。

哈爾・伍爾本會利用學年的前三個星期，讓學校內的每一位高中生採訪其他學生及教師。他們要主動詢問對方的名字以及關於對方的五件事，這是他在他的著作《好老師會做的二十件事》中所描述的一項指定作業。許多教師會利用遊戲來幫助學生瞭解彼此，並在學年的第一個或第二個星期一

同玩樂。有些教師則是玩「兩真一假」的遊戲，每個人要寫下關於自己的兩件真實的事，外加一件捏造的事，其餘的學生必須要猜測真假。有些老師要學生在一張紙上寫下關於自己的事，但不具名。他們要將紙張捏得皺皺的，進行一場傻呼呼的「雪球大戰」。接著，每個人隨機挑選一顆紙球，大聲地朗讀出來，然後猜測它是誰的。也有人會把嬰兒照片帶來，讓大家猜測誰是誰，諸如此類。請記住，建立關係的兩個關鍵，就是瞭解彼此和一起開心玩樂。大多數類似的「整體建造方法」都包含這兩種元素。

另一種策略是定期更換學生的座位，讓他們最終都有機會和班上其他人相鄰而坐。如果你讓學生選擇座位，他們很自然地會選擇坐在自己的朋友附近，遠離不認識或不特別喜歡的人。請記住，除了最需要關注的孩子以外，我們曾說過，那些心繫孩子們的老師會從旁協助，幫忙他們自然地建立關係。一個很好的例子，就是讓孩子們選擇坐在他們旁邊的人。哈爾‧伍爾本允許他的學生這麼做，但也提醒這不過是暫時的。他描述一種他所採用精巧而簡單的座位輪換系統。當學生們同坐一桌（大約四個人）時，這些分組會定期輪替。通常，我們認為學生會抵抗，而且也很有可能真的抵抗，但是他們也看到其中的智慧。在實行「兒童發展計畫」（Child Development Project）的其中一所學校的一個班級，

許多十一至十二歲學生在一次班級會議上建議這個作法，好讓他們可以進一步瞭解彼此（影片名為「*teasing*」（捉弄），也放在我們的網站上：www.characterandcitizenship.org）。這些學生有足夠的智慧能理解班上所有學生互動關係的重要性，特別是作為改善班級風氣和減少捉弄行為的一種方式。

雖然建立關係的初始步驟很重要，但持續關係的結構也很重要，這些結構可以增加更深入持久關係的可能性。我是「關係循環」（looping）的忠實粉絲，也就是說，讓學生維持成一個「群體」，理想情況下是跟著同一位教師超過一個學年。一個絕佳的變化方式，是打造混和年齡／年級學生的架構。這有兩種主要的版本，一種用於小學，一種用於初中（middle school）及 高中（在美國以外的許多國家／地區，則是指初中及高中兩階段學程的中學（secondary school）。在美國，小學往往有完整的班級制度，讓學生一塊上所有或大部分的學習科目，但初中和高中更典型的作法，是讓學生每一堂課混和上課，他們要移動至不同學科教師的教室（在美國，教師有「專屬」的教室，學生轉換教室，而在許多其他國家的作法是讓學生「專屬」於某個教室，而教師們移動）。

在美國的小學中，我們有時會看到垂直結構。在這種結構的典型作法中，學校每個年級有二至三位學生再加上一個

成人，組成一個「家族」。家族最好每個星期會面一次。這些活動有很多不同的變化，但往往包括一些建立關係的簡單活動、跨年級的課程活動及服務性活動。在大多數情況下，家族中的成人由教師擔任，在某些學校，如位於密蘇里州布倫特伍德（Brentwood）的馬克·吐溫小學（一所國家品格學校），學校裡的所有成人都帶領著一個家族。除了班級任課教師之外，校長凱倫·史密斯也有一個家族，而他的祕書瑪麗也有，甚至是廚工、工友、輔導員、圖書管理員等都有。

　　小學混齡分組的另一種變項是「學伴」（buddying）。在最完美的情況下，一所小學的年級為偶數（例如：小學中常見的結構是幼稚園到五年級），每個年級的班級數量相同，而配對（學伴）的班級學生數量相同。在這個例子中，每個幼稚園班級將會和一個三年級的班級配對，一年級班級搭配四年級班級，而二年級班級則搭配五年級班級。然後，每一位學生都會在配對班級中被分配到一位「學伴」。理想情況下，他們每星期都會見面，一開始只會進行建立關係的活動，接著就是進行跨年級的課程活動。建立「學伴」還有一個絕佳的參考來源，是「協作課堂中心」出版的書籍《那是我的學伴！》（*That's My Buddy!*，中文書名暫譯）。

　　在中學（初中／高中）的學程，美國學校有時會在一個學年裡指派學生給班級導師或特定的輔導老師，理想的話是

比課堂規模更小的分組，以建立關係、提供建議和輔導，以家園的形式配備一位成人來更加瞭解他們。當鮑伯·哈辛格（Bob Hassinger）擔任賓州哈利法克斯中學（Halifax Middle School）的校長時，該中學是第一所被認可為國家品格學校的中學之一，他制定了混齡、關係循環的輔導團體。在他的學校三個年級之中，每個年級約有五至六位學生被分配到同一個輔導團體。他們在學校的所有歲月裡，一直在一起並跟著同一位老師。通常，美國的高中有四個年級，也可以這樣進行。如此一來，學生不僅與一位教師建立了長久的關係，也與一些比自己高和低年級的學生建立長達二至三年的關係。正如喬·安·弗貝格（Jo Ann Freiberg）這位學校風氣及修復式實踐顧問所指出，混和年級往往會減少大部分在不同年級裡這種階層針對性的負面影響。需要注意的是，不要讓這段特殊的時光變成一種學業自修室的型態。它的力量在於建立關係。

學生之間關係建立最具規模的一套策略，是同儕互動教學策略（peer interactive pedagogical strategies），這套策略結合了同儕合作和協作的教學策略。大多數的教育工作者都相當熟悉這些課程方法。然而，因其同儕互動的結構，也不失為優秀的品格教育方法。儘管如此，在某些情況下可以採用聰明的方法來「加速」該策略對品格發展的影響。如何為合

作學習做到這一點，我們將於發展式教學法的章節討論。

有許多其他的教學法都以同儕互動作為基礎，並且有培育品格發展的潛力。如閱讀小組、同儕輔導，以及小組服務學習，這些都是採用同儕互動方式作為學術課程的例子。此外，前面討論了一些建立同儕關係的結構，也可以與學術學習相互結合。例如：小學中的垂直家族、中學的輔導小組也可以有學術上的功能。如前所述，小學的「學伴」也可採用於學術課程。

然而，還有一套促進學生之間關係的策略，與直接提升和他人有效連結的能力、以及解決人際衝突和修復受損關係的結構有關。提高人際關係能力的最佳資源來自社會情緒學習（SEL）領域。學術與社會情緒學習協作組織（CASEL）提供了一個寶貴的網站及相應的資源來協助個人和人際能力的發展。後者也包括諸如換位思考和同理心等能力。此外，社會情緒學習有許多側重於這類相關能力的實證課程，其中許多課程也已涵蓋 PRIMED 六大設計原則和本書所依據的研究評論。在發展式教學法的章節，我們將更深入地探索社會情緒學習。

一個獨特而有效的相關計畫是「同理心之根」（Roots of Empathy，ROE），由瑪莉・高登（Mary Gordon）於多倫多構思並設計。「同理心之根」將一位新手媽媽和嬰兒配

對給一位訓練有素的同理心之根輔導員，並將他們帶入小學和中學的教室中。學生們在母親和嬰兒身旁圍成一圈上課，學習感受、溝通、同理和其他關係上的概念。

積極主動和預防是塑造品格的主要方法，但人和關係確實會出錯。因此，因應策略也有其必要。當學生發現自己身處於人際衝突時，學校需要一些辦法來終結緊張並幫助學生向前邁進。要做到這一點，方法之一是透過同儕衝突補救計畫（peer conflict remediation programs），例如：芭芭拉·波羅（Barbara Porro）的著作《大聲說出來：小學課堂的衝突化解》（*Talk It Out*，中文書名暫譯）。在內在動機和發展式教學法的章節時，我們再回來談這類的同儕互動策略。

有一套同儕互動教學策略，特別設計來增強對社會及道德問題的批判性思維，稱為人際及／或道德推理（interpersonal and/or moral reasoning）。每個人都需要批判性地、有效地判斷社會難題（包括道德議題）的能力。在很大程度上，這種能力來自於單獨或與他人共同解決問題的實踐，無論問題是真實或假設。因此，教師的一個主要策略是促進同儕之間兩難困境的討論，針對面對困境的主人翁，讓學生一起設法想出最佳的行動方案。這兩難的困境有時是一個簡短的書面情境，有時是來自電影中的片段（如品格挑戰的例子：www.characterchallenge.org，以及相關電影剪輯：

http://filmclipsonline.com/），但也可能來自課程內容或時事。然而，促進相關的討論，使其在發展上富有成效，往往需要有目標性的專業發展。

藉由這一段相對簡短而不完整的評論，我們可以明顯地看出，有很多方法可以促進學校裡學生們（與教師們）之間的健康關係。考量教師和學生之間健康的關係文化是多麼根本和重要，學校若不盡可能地多加採用這些策略便是失職。當然，一般常見的回應是這一天中沒有足夠的時間，或是「我已經有太多事情要做了」。但是，正如我們早已指出的，時間有其可塑性，我們傾向於將時間分配給我們優先重視的事情。如果校本的價值不是優先考量人際關係，那麼我們的價值應該要被重新審視。此外，關係文化（relational culture）不僅有利於品格的發展，而且與大多數最佳學術實踐的評論有關聯性。

✦ 與學校其他關係人的關係

若要列出一所學校的關係人群體，要列的還不少。我們已經討論了關於學生與其他學生、教師以及（在較小程度上）學校行政人員之間的關係。在某些系統中，教師的定義包括了其他專業人員，例如：心理健康專業人員，但在某些情況下被認為是分開的類別。甚至，教師也可以細分為學科

教師，以及藝術、音樂、特殊教育、體育等「特殊專科」的教師。學校行政人員有時又會被細分成子群，例如在新加坡，他們通常會針對校長和中階行政人員（例如：處室主管、教學組長等）加以區分。無論如何將校內的教師、行政人員及其他專業人員進行分類，經常被忽略的一組人就是「非專業人員」或支援人員（例如：祕書、廚工、工友、教師助理、校車司機及警衛等）。

首先，我們將審視學生和這些支援人員之間的關係，然後轉向學校成人文化的關鍵問題。在許多學校，支援人員是隱形且無名的。他們沒有正式的機制可以與學生們互動。當他們和學生互動時，如午餐時在學校餐廳或搭乘校車上下學時，他們時常會抱怨學生不對他們表示謝意，把他們的付出視為理所當然，不稱呼他們的名字，忽視（甚至蔑視）他們提出的行為管理建議等。然而，在許多學校，最有魅力、最受大家喜愛的成人是工友、廚工、護士，或是祕書。以他們對孩子們的真心關愛，這些人似乎毫不費力且自然地就與許多（甚至是全部的）學生建立關係。這也帶出了一個擔憂，這些人員與學生之間培養關係的潛力被浪費了。在學校關係人團體的所有成員之間的健康關係，是良好學校和優質品格的基石。

當我意識到，這片肥沃而被忽視的領域可以建立關係並

為學校的整體風氣做出貢獻時，我巧妙構思了一個簡單的策略。讓每個班級／導師班／輔導小組「認領」（adopt）一名尚未帶領過班級／導師班／輔導小組的成人。當然，如果你遵循本書前面的建議，那麼學校的每一位成人都會帶領一個輔導群體或垂直家族。但是，如果你選擇不這樣做，那麼以下是一個替代方案。被認領的成人將被邀請參與課堂，學生們將瞭解一些關於他／他的事，而這位成人可以認識學生。回想一下金·麥康奈爾讓學生們訪問新老師的架構，你會發現，這作法可以加以調整，來協助學生瞭解他們認領的教職員。然後，被認領者將被任命為班級的榮譽成員，並被邀請盡可能地加入班級活動。更多的點子則是邀請他們參加特殊的活動（班級音樂會或戲劇演出、節慶派對等），並為他們舉辦驚喜的生日派對或以其他方式以表示敬意。

　　或許要建立以最佳方式促進品格發展的學校，祕訣甚至不包含在其聚焦或實施的學生身上。祕訣是成人的文化。當安東尼·布里克與芭芭拉·施奈德透過大量芝加哥學校的樣本來研究成人文化時，他們發現了這個祕訣。他們察覺，教職員之間的「信任關係」文化，與學生的學業成績之間存在著直接的關聯性。換句話說，教職員之間越是信任彼此，並且基於一種信任的文化相互聯繫時，他們的學生都會有更好的學習成效。對於很多人來說，這說法難以接受。他們花了

這麼多時間、精力及資源來改進課程及教學方法，但在學業成績上仍不足以看見明顯的收穫，而教師之間的關係又怎麼可能提高考試成績呢？

這個謎題的一部分是，整個學校的風氣與學生的成就表現——當然，還有品格發展——有強烈的關聯。很多時候，我們都忘記了整個學校文化中，有一部分就是成人文化。有一次，當我在一個教師預備課程中擔任客座講師時，我問這些未來的教師，他們最終希望教什麼。有一位學員讓我驚訝不已，他不是答覆一門學科或哪個年級。他告訴我，他想在自己所就讀的高中工作。當我問他原因時，他回答：「因為我看到那所學校的老師們相處融洽，而我想成為其中的一員。」他是一個非常有智慧的學員，但會有這種想法的人不只是他。正如我們將在「示範」（Modeling）內容所說，學生會深刻地意識到教師們的行為、情緒、態度以及關係。教師之間如何相處確實會影響學生，以直接的方式，或透過教師以最佳方式從事教育工作的不同動機。

此外，如果以企業文化來進行比喻，很明顯地，一個組織的文化會影響員工的生產力、出勤率，甚至是員工的健康。當一個學校的成員體驗到正向的成人文化時，就更有可能喜歡來工作，也確實地工作，並且在工作／教學時做得更加完善。

將學校視為一個複雜的社會體系，就會有所幫助。並且理解在這個體系中，所有組件和關係都交錯在一起，並影響所有其他部分。要理解這一點，就要提及一個完美的心理學模型「關係發展系統」（Relational Developmental Systems），最初由比爾・奧弗頓（Bill Overton）提出，現在由塔夫茲大學（Tufts University）的青年發展應用研究所（Institute for Applied Research in Youth Development）的李奇・勒納（Rich Lerner）所支持提倡。就本質上而言，關係發展系統將所有發展放在一組複雜的體系、機構及最為關鍵的關係背景脈絡下。因此，這代表培育發展就要借助這些關係。從關係發展系統的角度來看，不難理解成人關係如何影響成人文化，進而影響整個學校文化和學生的品格發展。

　　最常發生的狀況是大家理所當然地看待成人文化，這是一個錯誤。每一年，我都會要求品格教育領導學院的參與者對他們校內教職員進行關於成人文化的問卷調查。他們常常驚訝不已，甚至震驚地看到，過去未曾察覺的困境正在破壞學校的風氣和成就，無論是學術或品格發展的層面。

　　改善成人文化的關鍵要素之一是領導。由於我們已經在優先考慮的章節中提到了領導，所以我在這裡稍加補充幾點。針對成人文化的培育、治癒及改善進行干預，是學校行政部門最核心的工作。雖然我承認有偏見，但在過去的二十

年中，我持續大量投入校長的培訓，我仍主張這是校長的主要責任。照顧成人文化是領導者的工作，照顧孩子是教師的工作。可悲的是，我們既沒有向學校領導者明確說明這一點，也沒協助他們為將來擔任關鍵領導角色做好準備。最近，公園路學區（一個國家品格示範校區）的典範督學凱斯・馬蒂對我發出挑戰，表示美國教育領導者的問題，在於我們沒有「讓領導者準備好與成人進行艱難的對話」。有太多管理者不針對成人文化加以引導，因為他們害怕面對或挑戰員工，又或者因為不知道自己應該這麼做，而他們如果知道該有所行動，卻也往往不知道該如何有建設性地進行。

梅根・特恰寧 - 莫蘭已經確立了領導者建立員工對其信任的五個特徵。「信任五面向」大多都是品格優勢：仁慈（benevolence）、誠實（honesty）、開放（openness）、可靠性（reliability）以及能力（competence）。這些就是校長讓人們信任他們的祕訣。無疑地，我們可以把勇氣加到這份清單上。

我們已經注意到，在改善學校的討論中時常被排除在外的另一個群體，是相關支援人員。我們已經討論了建立學生和支援人員之間健康關係的架構，但仍需要考量的是教育專業人員及支援人員之間的關係。這兩組人很可能認識彼此，因為工友／清潔工要清理教室，並針對教師要求特定維護的

需求作出回應。祕書往往是完成文書工作、與家長溝通的管道。然而，教師不太可能認識校車司機、廚工及其他人員。

即使他們認識彼此，如同經常被定義的稱呼，很容易陷入「專業人員」及「非專業人員」之間的階級結構，就像行政人員和教師的區隔一樣，特別是在社會結構或學校精神特質有明顯等級畫分的文化中。這可能會對這些社會群體和階級之間的關係深度有所限制。再次強調，打造更加平等和融合的成人文化，是領導者的職責。

前面已經討論了減少差距、建立這種關係的方法之一，即在課堂中認養非教師的成人。我們談到了這個方法可以為班級學生及「被認養」的員工之間建立關係。重要的一點是，它也能讓負責「認養」的班級老師與被認養者有建立關係的可能性。

學校領導示範與支援人員的關係也會帶來很大的幫助。就如同凱倫・史密斯（Karen Smith）賦能支援人員一樣，藉由賦予他們與教師所示範的相同角色及與學生的關係。在領導垂直家族和輔導高風險學生時，凱倫將祕書、廚工及工友等都包含在內，他為所有的校內員工樹立榜樣，示範如何融合支援人員。我的一位前任院長不僅以超乎常態的方式支持他的行政助理拿到大學學位，而且當他搬到另一個州時，還搭機回來參加他前任行政助理的畢業典禮。這為我們教育學

院的全體教職樹立了一個榜樣，關於如何尊重、服務，並且與這些支援人員發展真實的關懷關係，還有成為他們人生旅程的支柱。

當我到學校提供專業發展工作坊，同時發現所有的員工都在場時，總讓我留下深刻的印象。當史蒂芬妮‧瓦萊利（Stephanie Valleroy）擔任諾斯維高中（位於聖路易斯市的一所特殊教育高中，也是一所國家品格學校）的校長時，他鼓勵所有員工取得品格教育認證，參與在聖路易斯地區的專業發展機構「品格優質中心」（CharacterPlus）課程。我參與部分教導的認證課程。起初，我感到很驚訝，後來很高興能在每次工作坊見到來自諾斯維高中的員工，其中包括祕書、教師助理，及工友。五至十名來自諾斯維高中的員工坐在一張桌子前，一同學習品格教育的最佳實踐，並在這個過程中建立更深入的關係。這些如凱倫‧史密斯和史蒂芬妮‧瓦萊利等偉大的校長們所推展的策略，也是賦能的例子，即 PRIMED 六大設計原則中的「E」。

學校時常會舉辦員工的社交活動，有些活動開放給所有員工參加，但這類活動和架構通常未將支援人員算在其中。他們應該要這樣做才對。當這種活動對員工的家人開放時，例如：員工野餐，好機會就出現了——這不僅可以與支援人員建立關係——而且還可以瞭解彼此的家人，這為關係建立

提供了另一種方式。你在本書中所讀到的一些優秀校長們，時常在自己家中舉辦員工家庭野餐，這包括了所有的員工。

在下一個章節中，我們將重點轉向與學校關係人建立關係的策略，這些關係人處於學校正式架構之外，既不是學生，也不是在學校工作的員工。

第十三章

與外部關係人的關係

本章節關於關係的一個中心主題,是辨識且融合所有關係人群體。前一個章節闡述了學生、教師、行政管理人員,以及支援人員等各群體內部及彼此之間的關係。我們還未提到兩個重要的關係人團體:(1)父母和其他照顧者;(2)其他外部關係人。關係人是指對於學校所產生的影響有既得利益(vested interest)的那些人。這裡提及的外部關係人,是指既不是學生也不是學校員工的人。學校與家長的關係僅管往往沒有充分地發展,仍普遍地被認為是重要的,但其他社區中的成員更容易被忽視。首先,我們將會討論與父母的關係,接著再討論與其他外部關係人的關係。

與學生家長的關係

當我們相互瞭解、一起度過積極正向的時光、相互合作、共享領導時,所有關係都更有可能發展且興旺,同時增加彼此尊重及信任的可能性。那麼,我們如何與家長一同做

到這件事呢？在這個情況中，我主要關注的是教師與家長之間的關係，而不是家長與其他學校成員（例如：支援人員及行政管理人員）之間的關係。原則是一樣的，但具體作法可能有所不同。

　　相互瞭解能為健康的關係奠定基礎。當我們提到學生如何對新老師進行訪談時，我們就已討論了這一種策略。你可能還記得，學生的家庭作業除了寫下關於老師的自傳，他們還需要讓家長來閱讀，確保家長也開始認識老師。有一些老師會提供關於自己的更多細節，像是寫一些有自傳性質的資訊，透過印刷品或列於網站上與家長們分享。也有一些老師與家長見面時會更充分地介紹自己，例如：在學校開放日或者較少數情況下在進行家訪時。以一種不太系統的方式，老師可以或多或少地在與家長私下對話中進行自我表露，無論是在定期的家長會或討論特殊問題的特殊會議中。還記得我前面提及我兒子的那位幼稚園老師嗎？他擅長與學生建立關係，但與家長打交道卻不太自在。在師生的關係建立，他是主導的主角，但在與家長這方面卻苦苦掙扎。身為一名教師，你是否願意告訴家長，你也曾經歷他們現下面臨的掙扎，又或者，身為孩子，你也曾面臨他們孩子面對的困境？在合宜的情況下，這種自我表露（self-disclosure）可以推倒社交的藩籬，並且培育更深層的關係。

另一種促進這種關係的有趣方法，是透過問卷調查來瞭解家長。尤其是小學或幼稚園的老師，經常會寄一份關於孩子的調查問卷請家長提交。有一位老師還針對家長設計了一項調查，讓家長填寫關於自己的資訊。例如：他詢問了他們的經歷、技能及興趣。這不僅能讓他與家長進行更多的個人互動，而且還能增加這些家長對他這門課的參與度，正如我們稍後將會看到的例子。

　　除了相互瞭解之外，僅僅進行正向互動也有助於建立關係。在下一個關於內在動機的章節中，我們將會討論肯定的力量，但在這裡提一下將有助於瞭解。教師打電話告知家長關於孩子的好消息（「我想立即讓你知道凱文今天表現得多體貼，當……」、「你知道嗎？！今天的數學考試，安娜獲得了第一次的滿分成績！」等），也有助於建立教師與家長之間積極正向的關係。當然，以積極正向的方式關注對方，始終是一個好的關係策略，包括簡單詢問對方的情況，在此處對象就是父母。這類的問題，可以是一般通用的，例如：「你三年級時在哪裡上學？」；或是較針對個人的具體問題，例如：「在家長調查問卷中，我注意到你喜愛音樂劇，你平時會唱歌嗎？」

　　協作是建立關係的另一種方式。更全面地理解這件事的方法之一，是考量與家長建立關係的三種不同方式或層次。

首先，是「家長即聽眾」，這是非常普及的方式。學校應該
──而且經常這樣做──通知家長各式各樣的事情：活動、
學生的進度、捐款請求等。然而，這意味著一種非常單向、
階級體系的關係。學校知道的，家長們也需要知道。學校有
的相關資訊，而家長也需要相關資訊。提供資訊這件事並沒
有錯，但真正的關係必須超越不平衡且單向的配對關係。

第二種與家長的關係，是「家長即客戶」。顯然，學校
在一些事務上有專業知能以及相應支持的物質資源。例如：
學校有健康、科技方面的專家，而且通常擁有一些健康資源
（例如：醫務室）和科技資源（例如：電腦）。許多家長需
要學校所能夠提供的各種資源。因此，向家長開放學校（包
括晚上和平日放學後的時段）來進行培訓和學習，也是與家
長建立正向關係的好方法。有一些學校藉由設立「家長大
學」讓體系正式化，家長可以在此學習電腦科技、醫學健
康，甚至是家長面臨的特定問題，例如：如何登記投票或是
報稅。擁有大量非英語母語人口的學校，通常會提供完全屬
於學校專業領域的資源，像是英語素養教育。有時，學校也
純粹為了娛樂目的而開放設施。像是我們住在威斯康辛州肖
爾伍德鎮時附近的高中，以及我們住在蘇格蘭時附近的一所
學校，都會在晚上和週末時段開放，讓附近社區家庭來使用
游泳池。

品格教育

但是，就像「家長即聽眾」一樣，「家長即客戶」仍然是典型的單向階級關係。在這種情況下，學校擁有專業知識和資源，而家長需要這些東西。第三種類型的關係就改正了這件事。準確描述其特性的稱呼為「家長即夥伴」。有一次，一位校長來徵詢我的意見，詢問如何讓家長更進一步確實地參與學校事務。他告訴我，自己已經用了想得到的各種方式（寄信到家中、網站、電子郵件等）來邀請家長，並且主動提出來訪時將提供餐點。但是，他們還是沒來。我表示，這作法很像試圖叫一隻寵物小狗「過來」。「家長過來！家長們來吧！要吃小點心嗎？」我對他這項策略的描述讓他有些吃驚，但他聽懂了。接著，我建議以更為平等的方式邀請他們，並更加尊重家長的身分以及他們能帶來的貢獻。稍早，我們藉由強調協作的概念開始這一段落的內容。在此，我們終於要來談論真正奉行平等主義的協作，也就是真正的夥伴關係。以下提供兩個很好的資源，是約翰霍普金斯大學（Johns Hopkins University）的美國夥伴學校全國網絡（National Network of Partnership Schools），全國家庭、學校和社區參與協會（The National Association for Family, School, and Community Engagement）。

　　地位往往會造成教師與家長的關係瓦解。如前所述，家長即客戶或聽眾，都意味著明顯的地位差異。許多家長對於

和學校及教育工作者互動感到不自在，因此可能會抗拒與學校及教師合作。他們可能覺得自己能力不足，無法與教育工作者一同合作。或許當他們還是學生的時候，缺乏與學校之間正向積極的經驗。家長也可能會因為自己識字能力或教育程度不足而感到尷尬。因此，他們可能就會帶著恐懼進入這種關係，或者根本避免發展關係。在此的關鍵是，學校需要敏感留意家長對於學校的體驗，然後努力以家長能夠欣然接受的方式，更加真摯地邀請。

建立關係的另一個重要層面是尊重他人。家長們常常覺得，學校視他們為麻煩、負擔，或甚至是阻礙。當然，有一些家長確實是如此，有些教育工作者也是如此！此外，有某些醫生、祕書、神職人員、員警，以及某些社工也是……換句話說，當人們試圖要合作或為了一個共同目標而努力時，有時真的很難相處，但以偏概全地說某個群體的人都有問題，不僅是扭曲而且是適得其反的言論；事實上，這正好是偏見的一個很好的定義。

讓我們回到針對家長的興趣、技能及其他特質進行問卷調查的教師。他所能做的，就是向他們尋求具體形式的協助和支持，是建基於家長的強項。想像一下，身為一名相對教育程度較低的前工廠工人，受傷後的收入只有身心障礙者補助，對於要與教師一同合作感到畏懼。這些教師都擁有學士

學位，其中多數的人擁有碩士學位，其中一些擁有博士學位，被邀請成為合作夥伴可能感覺像是在面臨威脅。現在，你想像一下，這位教師打電話說：「史密斯先生，我在你的問卷調查中注意到你的興趣之一是木工。我不想打擾你，但我們正計畫要在教室裡建造一個閱讀角落，不知道你能不能推薦一個好地方，讓我們可以去選購建造的材料。」

　　當有人詢問他的建議時，他不僅會感到備受尊重，甚至會覺得有信心和有能力來提供建議。我猜測，他不僅會提供對方尋求的建議，而且實際上也會來學校為你建造，或者，更理想的狀況，就是與你一起構造這個閱讀角落。此外，他永遠都會樂於加入，成為老師和全班的夥伴和朋友，他會轉變自己的想法，這裡將會從一個自己覺得沒有歸屬感、具有威脅性的地方，變成一個覺得自在、被重視，而且和他有關聯的地方。藉由瞭解他人、尊重他們並真誠地與他們成為合作夥伴來建立關係。同樣重要的一點是，要注意這不僅是基於平等主義，這甚至將地位上的平衡轉向對家長有益的地方。他成為了專家，事實上就也成了教師的老師。在法蘭西斯豪威爾中學，他們創建了一個有家長資訊的全校數據庫，以便所有教師都能瞭解所有家長的特殊才能。

　　我有機會與台灣三光國小的一個團隊合作，該團隊為復興鄉種植水蜜桃的山間部落提供服務。由於地方偏遠，學校

缺少具有合格認證的教育工作者住在學校附近。因此,他們與車程幾個小時的市區教育工作者簽訂了合約,請他們來學校工作。他們住在專門的宿舍,而且往往只在學校待上幾年;當地的成人和學校教職員之間產生了自然的鴻溝。而且一個重大的問題是,當地居民大多是自給自足的農民,在如採收水蜜桃這種需要繁重勞力的農作季節,這些家庭需要人力,無法讓孩子去上學,孩子們就經常會曠課。有一年,伍鴻麟校長提出了兩個絕妙的點子。首先,針對這些家庭對人力的真實需求,教職員不再抵制,反倒開始幫助部落建立商業合作社。其次,學生們利用他們在學校所學的資訊技術及寫作技巧來設立網頁,以更大規模來推銷桃子(順道一提,這裡有我所吃過最大又最美味的桃子)。結果呢?農民的收入增加了……十倍之多。此外,當地人民和學校之間的關係明顯地改善了,而農民們也更加尊重學校教育的重要性。

在我們的品格教育領導學院,強調協作式領導。我們的方法之一,是讓每一位學員在校內組成學校品格教育委員會,與他們一起完成所有指定的反思作業,並且每月至少召開一次會議來完成反思作業以及其他品格教育工作。我們也要求他們要讓所有關係人群體的代表參與其中,包括家長,如此一來他們就可以參與設計、規劃、實施,甚至是評估品格教育計畫的協作工作。事實上,我們建議家長代表

（以及支援人員代表……等）至少要兩位，好讓他們可以支援彼此。一個要避免的陷阱是採用同個家庭的兩位家長，這常見於許多學校的活動和架構（通常是家長會的主席和副主席），避開為妙。

聖路易斯公立學校校區的萊辛頓小學（Lexington Elementary School）的前任輔導員，為家長們找到了一個非常有創意的角色。他尋問家長、祖父母以及其他監護人的意願來錄製一至兩分鐘的影片，影片中說明他們希望自己的孩子會是什麼樣子。他將這些內容編製成一個用於行為管理的影片。當一個孩子因為紀律／行為問題而被帶到他面前時，他會要求孩子觀看校內家長或其他監護人的影片，聽他們描述自己對孩子抱有希望的願景。一個出乎意料的附加效益是，影片中的大人在孩子們的眼裡成了「電影明星」。在我們社會的一般理解中，這些成人大多都不是所謂的「明星」，但孩子們在停車場發現他們來接送孩子時，便會興奮地大喊：「你有演那部電影！」這立即讓家長贏得了敬重，我看見他們的臉龐因為這般認可而發光著。這附加好處又帶來另一個貢獻，即建立了學校與家庭的關係。

也許學校與家長關係中最全面、最令人印象深刻的形式是社區學校。這首先要認知的是，學校既是社區的資產，也是社區的巨大潛在資源。兒童援助協會（Children's

Aid Society）的全國社區學校中心（National Center for Community Schools, www.nccs.org）是社區教育的一項重要資源。湯瑪斯‧愛迪生小學（Thomas Edison Elementary School，於紐約州揚克斯市）前任校長愛琳‧聖地亞哥（Eileen Santiago）深知這種觀點在他身處社區中的價值，該社區主要是社會經濟地位較低的西班牙裔移民家庭。他也發現了，全面性的品格教育及社區教育會是絕佳的配對組合。這所小學已是品格教育的堅定支持者（在愛琳‧聖地亞哥的領導下，湯瑪斯‧愛迪生小學成為一所國家品格學校），將兒童發展計畫與社區教育結合。聖地亞哥向社區居民明確地表示，擁有這所學校的人是他們。他與家長合作設計如何以最佳的方式來利用學校，服務的不僅是以學生為中心的使命（學習和發展），還要服務於更廣大的社區民眾，尤其針對他學生們的家長。他的典範工作記錄於他的合著著作《全人的孩童，全人的學校》（*Whole Child, Whole School*，中文書名暫譯）中。

關於家長如何與學校教職員擁有健康、有生產力的關係，雖然上述策略都是好主意，但校方人員仍持續地感嘆家長根本沒有與學校進行足夠的接觸，使這樣的關係難以發展。當然，這是一個先有雞還是先有蛋的問題。先出現的，是關係還是家長的參與？兩者都是先來的因，也都是後到的

果。換句話說，關係增加了參與的可能性，而參與也促使關係有更大的可能性。所以，兩件事都要做。現在，我們將重點轉至提升家長參與的具體模型。

有一個很好的模型能幫助我們理解到底什麼阻礙了家長的參與，以及可以做什麼排除障礙。Hoover-Dempsey 與 Sandler 的模型描述了家長參與的四個常見的障礙。第一，許多家長可能不知道自己應該要參與孩子的教育。他們可能認定孩子在家時是家長的責任，而在校則是教育者的責任，並認為教師不應該干涉家庭生活，而家長也不應該干涉學校生活。然而，研究結果卻恰好相反。對於孩子的教育，適切且有建設性的家長參與，可能是學生課業成就唯一的最佳預測指標。光是和家長們分享這一項資訊，就可能會讓許多家長意識到自身參與學校事務的力量。第一個障礙還有其他的狀況，也許是家長認為自己的孩子在學校無法有所成就，特別是那些被邊緣化、資源不足社區或群體的家長。我們從研究得知，光是改變家長的「思維」，就可以讓孩子達到更高水準的學業成就。如果這些家長能相信自己的孩子有能力在學校有所成就，那麼他們的孩子更有可能做得到。

關於家長參與的第二個障礙，這在前面也曾提及，就是家長可能覺得自己欠缺能力來參與學校事務或加入教育工作者的行列。為家長找到符合他們舒適範圍的角色，就是解決

這問題的一種好方法。稍早已描述了利用詢問家長興趣的問卷，請求家長提供木作建議。應該有很多角色是大多數家長可以做，並且會覺得做起來很自在的事，例如當校外教學活動的志工爸爸／媽媽。此外，基於各式各樣的特殊才能、知識，及興趣，家長們可以擔任許多不同的職位。

實際上，有許多學校透過課程來幫助家長找到可以勝任並為孩子教育做出貢獻的方法。協作課堂中心的「家庭活動」（Homeside Activities）是一套「學校─家庭─學校」導向的學術活動。孩子們帶著需要成人（理想的情況是家長或監護人）參與的指定作業回家。作業內容是針對課程中某些內容採訪家長、教導家長他們在學校所學到的東西、或者以其他方式讓家長參與課程作業。理想情況下，帶回學校的作業會於課堂上做進一步的學習。作業主題可以和品格有直接的相關性；例如：兒童發展計畫（Child Development Project）有一項指定作業是訪問家長之一，瞭解他們所認識一位最勇敢的人。

第三個關於家長參與的障礙，是家長進入學校時可能覺得環境不友善親切。現今來說，很大程度上是因為普遍的社會暴力，特別是學校的攻擊事件，讓許多學校更像是一座堡壘，而不是對兒童友善的社區機構。光是走入校園就可能會讓人望而生畏（重重上鎖的大門、武裝的警衛人員、金屬

探測器，及簽到登記規定），因此許多家長可能想要迴避這種有如機場保全系統的地方。可以保有安全且仍然友善的方法有許多。我曾參觀聖路易斯的新城市學校（New City School）——以霍華德・加納（Howard Gardner）的多元智能理論（Theory of multiple intelligences）[3] 作為根基的優秀小學——這裡的大門不會上鎖。走上入口階梯後，有一張桌子，那裡的工作人員不是武裝的保安人員，而是一位像是祖母的女士，他立即向我微笑並打招呼，接著請我簽到登記。我感到自己受到歡迎，而不是備受威脅。密蘇里州的賈斯特菲爾德小學（Chesterfield Elementary School，一所國家品格學校）入口處有一個可愛的門廳，放置了舒適的傢俱，提供家長在等待會面或等待孩子時使用。密蘇里州的肯納利小學（Kennerly Elementary，另一所國家品格學校）之前也會為參觀學校的人播放一段影片，有一系引人入勝的訊息及孩子們的照片。

也許最受人歡迎的一項革新作法，是一所資源相當匱乏

3　美國心理學家霍華德・加納在著作中正式提出多元智能一詞，認為智能是複雜且多面向，脫離了傳統的單一智能觀點，轉而提出複數多重的智能觀點，即每個人都有獨特的智能組合，如語文上有學習優勢，音樂方面可能較弱勢，而肢體律動較強的人數理邏輯上可能較弱。

的市中心小學，改造其入口處第一間教室作為家長資源中心，裡頭有一張沙發、一些桌椅、一個咖啡壺，還有很多提供家長使用的相關書籍和手冊。有專任的一位家長聯絡人員，也有定期安排的活動，例如：護士、輔導員和校長每星期都會有半小時進行演講或是交談、回答一些問題。也有一些特殊的活動，例如：輔導員針對孩子對於離婚的反應以及家長可以做些什麼的演講；或者由老師帶領討論，關於家長不瞭解孩子正在學習的教材時，可以如何幫助孩子。可想而知，這所學校的家長踏入學校時，就會覺得這環境非常親切。

第四個關於家長參與的障礙，是家長覺得自己不受到學生的歡迎。這對小學生而言不是問題。五歲、六歲，及七歲的孩子往往很喜歡自己的家長每天都出現在學校。然而，隨著孩子年齡逐漸增長，他們對於和家長共度時光的興趣越來越少。一般而言，中學的學生不僅不想讓別人知道你是他們的家長，他們甚至不希望別人知道他們有家長。他們大概寧可人們認定他們是複製人或試管嬰兒。因此，學校可能不得不找方法讓孩子們主動想要家長加入參與。在 PRIMED 的六大設計原則中的「E」（賦能）部分，我們將會講述一位五年級教師的故事，他利用了「賦能」讓學生們希望家長來看看自己的教室，並熱切邀請他們來參與學校開放日。

接下來，我們將探討如何與其他外部關係人建立關係並讓他們加入參與。

⌁ 與其他外部關係人的關係

也許，要確定在學校教職員、學生及家長之外，哪些人——或更精確地說，哪些群體——屬於外部關係人的範疇，最好的方法是問自己一個問題，「社區內學齡青年的品格提升，對社區裡的哪些人有好處？」換句話說，哪些人會關心你的學校是否有效地培育社區的兒童及青少年人類良善的興旺？

真正問自己誰會關心此事，你可能會想到許多的相關單位，例如：附近的企業、地方政府、消防員、員警、醫護人員、環保人員以及一些退休人員……等。這對於學校的工作人員其實是一項很好的腦力激盪練習，這可以引導他們以不同的、更寬廣的和更有影響力的角度來看待自己的工作，並意識到教育的成熟完備與社區需求之間的關聯性。畢竟，品格教育其實是為了打造一個更美好的世界（修復世界），範圍包括當地社區。

現在，我們將研究建立關係和與外部關係人合作的一些最佳實踐。首先，讓我們快速回顧一下建立關係和真實且有效地合作的基本原則。為了建立關係，我們應該互相傾聽，

互相瞭解，一起享受有趣的經歷，一起工作（理想情況是，從事整體上且特別對雙方而言都有意義的事）。為了真實且有效地協作，我們應該有效地溝通、服務對方、賦能對方並平等工作。這方面的例子有哪些？

讓我們從執法人員說起。至少在美國，警方在許多學校都扮演著重要的角色。我們通常稱之為「駐校資源警員」（school resource officer, SRO）。這是指被分配至學校的員警，在學校駐點並主要參與諸如毒品防制或法制等教育。警員的其他作用還包括對校內觸犯法律、有虞犯跡象的校內學生進行介入調停，並為他們提供支持。另一個顯然的角色是為學校和校內提供警方保護。這些警員所扮演角色可以有效地促進品格教育，也可以阻礙品格教育。這很大程度上取決於 PRIMED 六大設計原則中的「R」……即關係。如果駐校資源警員能夠與學生建立良好關係，而學生們也喜歡並尊重自己的駐校資源警員，那麼駐校資源警員就能有效地履行其職責，也能為學生品格的培育打開大門。另一方面，如果學生將駐校資源警員視為無關緊要、威脅、不知情，或其他消極方式，那麼就可能產生和預期完全相反的結果。

一個典型的例子是美國幾十年來許多學校長期採用的教育計畫「DARE 反毒教育」（Drug Abuse Resistance Education），反毒教育的官員會在學校提供免費教育。學校

品格教育

之所以喜歡這套教育計畫，是因為能免費得到國家提供的毒品防制計畫、學生可以在學校直接接觸到正面積極的警員，還提供許多可愛的小飾品（T恤、保險桿貼紙等）。不幸的是，在該教育計畫實施數十年後，研究清楚地顯示，這不僅沒有達到其主要訴求──減少使用毒品，而且事實上，還增加了某些群體的毒品使用。儘管有大量研究結果顯現該計畫無效，但許多學校和家長仍強烈地保護該計畫，並拒絕採用其他更多有效的毒品預防計畫。其實還有一位家長對我說，「我不關心研究的結果，我可以自己進行一項證明它有效的研究。」千真萬確。

幸運的是，「DARE反毒教育」單位最終正視這項研究結果，並重新設計這項計畫。新計畫的有效性尚未達成定論。值得思考的一個有趣的問題是，為什麼我們從未聽說家長及社區官員擔心教導毒品知識會增加毒品使用，而他們卻時常擔心學校是否應該進行性教育，因為他們認為性教育會增加性行為，但研究結果顯示並不會如此。

我們經常會建議學校邀請當地的執法官員，例如當地的警察局長，在學校的品格教育委員會任職。此策略也適用於我們將要討論，而你能想到的所有其他類別的外部關係人。如果你建立了一個學校品格教育領導團隊／委員會，請考慮所有能被納入團隊／委員會成員的外部關係人群體。

另一個貫穿各領域、適用於所有外部關係人群體的策略，是正式地感謝他們並授予榮譽。學校會以許多不一樣的方式來做到這一點。當珍妮絲‧威利（Janis Wiley）擔任位於聖路易斯市公立學校校區中一所「曼恩速成學校」（Mann Accelerated School）的校長時，他就身處一個多元化並且充滿活力的社區，有許多的「鄰居」，其中許多人與學校有互動。他的學校每年會為當地的「朋友們」舉辦一次早餐會。這包括附近許多異國風味的餐館、學校附近一座大型公園和植物園的管理人員、以及當地的執法部門等。這些小學生們負責上菜、擺設餐墊及餐桌裝飾、提供娛樂節目，並感謝他們的鄰居當他們的朋友。這之中沒有附加條件，沒有「要求」。他們純粹表達了他們的感激之情，也因此加強了他們與外部關係人／鄰居的關係。

　　當布萊恩‧奧康納（Brian O'Connor）擔任位於聖路易斯市公立學校校區中一所「諾丁漢職業發展培訓學校」（Nottingham Career and Job Training School）的校長時，鄰居們對於這些每天都出現在社區內的「奇怪」孩子感到不自在，這所特殊教育高中主要是為了發展遲緩的學生所開設。學生學習的是工作和職業技能，例如：園藝或清潔維護的工作，以及當地社區成員所需要的一些服務。奧康納為學生們找到了為鄰居們服務的機會，例如：藉由園藝服務來建造一

　　　　　　　　　　　　　　　　　　　　　品格教育

座橋梁，跨越過往不自在與不信任的鴻溝。

這兩個例子很好地說明了學校與當地企業建立關係和合作。我最喜歡的實例之一，是位於喬治亞州的肯尼索山高中（Kennesaw Mountain High School）。如同與家長的關係建立與合作，與其他外部關係人的關係往往是沒有深度及／或存有階級制度的。這種關係最常見的就是純粹地要求更廣大範圍的社區支持學校的品格教育計畫，通常是透過捐獻經費。雖然這麼做很好，但這作法往往不會建立有意義的關係。而肯尼索山高中是這麼做的：他們創建了一個品格教育的架構，進行每個月一次的晨會。晨會於學校上課前就開始進行並提供早餐，每位學生每年要參加一次。他們會結合當天第一堂課的時間來舉行一場關於品格教育的集會，其中包括一位高知名度的品格主題講者。當講者結束後，學生們分成幾個討論小組，通常是由該堂課的任課教師來監督。但是，他們追加了一個絕妙的附加價值。他們找到了當地的企業，說：「你好，我們來自肯尼索山高中，不知道你是否願意支持我們的品格教育計畫。」當這些商家可能毫無熱情、無奈地答覆，「你們想要多少錢？」學生的回應讓他們吃驚不已。他們發現，對方並沒有要求捐款，而是請求他們讓幾個員工每月有一個早上來到高中，與學生共進早餐、聽講座，然後共同促進（co-facilitate）關於品格的主題討論。這

不是什麼很大的請求。每位參與者每個月大約要花上兩個小時，而整個學年花費的時間稍稍超過兩個工作天。此外，從志願者的角度來看，這非常有吸引力。被單獨選出並可暫時擺脫工作，每月仍然得到這兩小時的薪水，還能獲得免費的早餐，聽一位魅力四射的演講者談論品格，然後協助領導一群積極參與的高中生，和他們就道德問題來進行熱鬧又激烈的討論。

這個例子中的祕訣是尊重及夥伴關係。他們尊重這些企業及他們的員工。此外，這些自願參加者是引領討論的正式合作夥伴，這最終帶來了一個令人驚訝的附加好處。因為學校對待社區內關係人的方式，他們開始收到企業主動提供的支援並派送一些員工去學校，這即便是直接地提出要求也不一定能得到。一種有意義的關係就此建立，而這關係就可能會一直延續下去，因為它是真實可靠的，是基於尊重和夥伴關係而生的。

另一個企業關係人的例子，是田納西漢彌爾頓縣公立學校（Hamilton County Public Schools）的一項品格教育計畫，該計畫始於查塔努加市（Chattanooga）周邊的全縣學區，被明智地拓展到涵蓋廣大的外部關係人群體。這項計畫記錄於文森、里德及雷吉斯特 (Vincent, Reed and Register) 的共同著作《品格的禮物：查塔努加故事》（*A Gift of Character:*

品格教育

The Chattanooga Story）中。這些學校一旦確立了一套每月的品格關鍵詞彙，他們就會要求社區中的合作夥伴一同強化這些品格關鍵詞彙。這些業主被要求在營運場所中發布本月的品格關鍵詞彙，並與學生談論它們。有一些企業甚至投入更多。當地報紙每月發表一篇關於品格的專欄文章，著重於當月的關鍵詞彙。有一戶外告示牌公司捐贈一些強調本月關鍵詞彙的告示牌。

有許多其他的關係人團體也參與其中。更有趣的團體之一是當地的神職人員。他們被召集起來並被詢問如何參與其中。許多人開始在布道及向會眾傳達訊息時明確地使用這些品格的字詞。

許多社區都有當地的公民組織，或國家、國際公民組織的分會（例如：共濟會〔Masons〕、國際同濟會〔Kiwanis〕、國際獅子會〔Lions Club〕等），這些組織都正在尋找有價值的計畫，並藉由經濟及志願服務來支持。許多學校和學區與他們建立了合作夥伴的關係。在某些案例中，這些組織對於他們署名贊助的特定品格教育計畫，投入了全國性或國際性的奉獻。

雖然還有很多外部關係人的例子，但我們將在此討論的最後一組可能會令人驚訝，至少驚訝於將其視為「外部」，那就是其他學校。一所學校可以藉由多種方式與其他學校建

立關係或進行合作，無論是在他們自己的學區內或學區外、無論是一般性的還是專門支持品格發展的合作。

　　一個常見的例子，就是年級較高的學校學生，與同一學區年級較低的小學學生一同合作。這可能是出於課程及／或發展上的目的，也通常是作為領導力培訓或為高年級學生提供服務性質的活動。它往往有明顯的層級體系。我們前面已經談過我最喜歡的例子之一，也就是南卡羅萊納州一所小學的案例，學生們去瞭解關於選舉的事務，然後去附近的一所高中尋找未登記但符合條件的學生，並主動幫助他們登記投票。

　　前面我們曾提到，於中學和高中透過混齡關係循環來實施輔導／班導班級，有其重要價值。我曾建議，學校確定了明年即將入學的班級（例如：當前小學即將畢業的五年級學生，他們下學年即將入學成為中學的六年級學生）後，就要與他們的生源學校建立關係，以便建立未來六年級學生與他們升上中學時將分配到的輔導／班導之間的關係。在學生進入下一所學校之前，長達一年的關係建立過程已經開始。我們知道學校的轉換，尤其是對青少年而言，是多麼危險不安，而這會是讓過渡期更順利、創傷更少的好方法。值得注意的是，轉換學校對於有創傷的學生往往最有害，高度建議學校多方考量如何減少學校轉換所帶來的額外創傷，以支持

他們在學校獲得成功。

許多計畫策略性地嘗試在擁有非常不同學生群體的學校之間建立關係。EnTeam 是一個令人讚嘆的計畫，旨在促進合作以建立和平與品格，主要藉由在合作的有效性打造結構，從而可以衡量合作並追蹤成效，通常是應用其社會、學術及體育等層面的合作結構來匯集不同群體的學校。EnTeam 的創始人泰德‧沃爾法斯（Ted Wohlfarth）藉由與種族和社會經濟上迥然相異的的學校，以及與族群和宗教層面也截然不同的學校（例如：穆斯林、基督教和猶太教的學校）合作，已做到了這一點。學生在不同的群體中參與需要相互合作的遊戲和結構，得以學習合作並瞭解彼此，跨越各種社會壁壘來建立健康關係。

我先前強調，投資你的生源學校（即你們的學生來自的學校）是明智之舉。如果我們不相信我們的學校可以改變學生成為什麼人，改變他們的智識以及他們的行為，那麼我們到底為什麼要談品格教育——或者根本連教育也不必談了？舉例來說，高中教師應該定期地幫助他們的中學教師同僚，指導他們、幫助他們獲取學術資源，並指派自己的學生擔任個別助教等。

現在，我們已探索了非常複雜的關係世界。我們已經看到關係對於學校的成功和品格的形塑多麼重要，也已經看到

了它們是如何被某些關鍵因素所觸發啟動，例如：真實性、傾聽、權力共享與地位上的平衡等。我們看到了合作的層次，和提倡真實的夥伴關係最具變革性。此外，還探索了學校內外廣大範圍的關係。同時，我們提供了一系列基於實證、有具體事例的實務，但也知道這只是一些抽樣，以教育工作者們擁有的創造力及智慧，有效的實務只會推陳出新、精進不止。事實上，本書中所有例子幾乎都來自一手創造它們的教育工作者。

在下一篇章中，我們將要討論 PRIMED 六大設計原則中的第三個字母「I」，它代表內在動機，它可能是 PRIMED 六大設計原則中最具爭議的概念之一，所以，請繫好你的安全帶，並繼續閱讀。不過，或許在你完成以下這一份關係工作表之後。

⟨ 「關係」相關參考資料

書籍

1. 《你不能透過一隻老鼠來教書》（*You Can't Teach Through a Rat: And Other Epiphanies for Educators.*，中文書名暫譯）Berkowitz, M.W. (2012). Boone, NC: Character Development Group.

2. 《朋友之間：充滿關愛和學習的教室》（*Among Friends:*

Classrooms Where Caring and Learning Prevail. ，中文書名暫譯）Dalton, J., & Watson, M. (2001). Oakland, CA: Center for the Collaborative Classroom.

3. 《家庭活動：將父母帶入兒童學校學習的對話和活動》（*Homeside Activities: Conversations and Activities That Bring Parents into Children's Schoolside Learning.* ，中文書名暫譯）Developmental Studies Center (1995). Oakland, CA: Center for the Collaborative Classroom.

4. 《協作課堂的設計藍圖》（*Blueprints for a Collaborative Classroom* ，中文書名暫譯）Developmental Studies Center (1997). Oakland, CA: Center for the Collaborative Classroom.

5. 《我的伙伴！跨年級的友誼和學習》（*That's My Buddy! Friendship and Learning Across the Grades.* ，中文書名暫譯）Developmental Studies Center (1998). Oakland, CA: Center for the Collaborative Classroom.

6. 《全人的孩童，全人的學校：將理論應用於社區學校的實踐》（*Whole Child, Whole School: Applying Theory to Practice in a Community School.* ，中文書名暫譯）Santiago, E., Ferrara, J., & Quinn, J. (2012). New York: Rowan and Littlefield.

7. 《好老師會做的二十件事》（*Lessons from the Classroom: 20 Things Good Teachers Do.* ）Urban, Hal (2008). Redwood

City, CA: Great Lessons Press.

8. 《品格的禮物：查塔努加故事》（*A Gift of Character: The Chattanooga Story*）Vincent, P.F., Reed, N., & Register, J. (2001). Chapel Hill, NC: The Character Development Group.

9. 《學會信任：依戀理論與課堂管理（第二版）》（*Learning to Trust: Attachment Theory and Classroom Management* (*2nd Edition*). ，中文書名暫譯）Watson, M. (2019). New York: Oxford University Press.

網站

1. www.casel.org

2. www.characterchallenge.org

3. www.collaborativeclassroom.org

4. www.enteam.org

5. filmclipsonline.com

6. Relationships with External Stakeholders 105

7. www.nafsce.org

8. www.nnps.jhucsos.com

9. www.nccs.org

10. www.rootsofempathy.org

11. www.search-institute.org

⟨ PRIMED 六大設計原則的行動計畫工作表：

關係策略

「關係」：有意識地發展學校／學區中社群成員的關係。這包括了所有的關係人團體，這些關係往往建立於積極正向的互動及相互分享知識的基礎之上。

基於實證的實施策略：

校內：同儕互動教學方法

有意識地促進關係

同儕衝突解決策略

培育型成人

教導關係技能

校外：與家庭及／或社區的關係

第一步：

請辨識並寫下至少兩個你的學校／學區已實施的關係建立策略。你可以採用上述項目或其他你已採取且認為會增進健康關係發展的方法。

1. ＿＿＿＿＿＿＿＿＿＿＿＿＿＿＿＿＿＿＿＿＿＿

2. ＿＿＿＿＿＿＿＿＿＿＿＿＿＿＿＿＿＿＿＿＿＿

3. _____

4. _____

第二步：

　　請辨識並寫下至少兩項你所能進行以增進你學校／學區正向關係發展的策略。同樣地，你可以從上述項目進行選擇，也可以列出任何你認為能幫助你促進積極正向之關係發展的方法。

1. _____

2. _____

3. _____

4. _____

© Berkowitz, M.W. (2021). PRIMED f or Charact er Educat ion: Six Design Principl es f or School Improvement. New York, NY: Routledge.

品格教育

第四篇

PRIMED 的
六大設計原則之三

內在動機是目的
（Intrinsic Motivation/Internalization）

第十四章

內在動機的內容和原因

從反思目的，也就是本書的意圖，我們開始了這本書。當我們探索 PRIMED 六大設計原則中的「P」優先考慮（Prioritization）時，也談到了目的。我們的根本目的應該成為優先事項。對於本書而言，品格教育是優先事項，是我們的工作目的，也是試圖幫助你去理解、想去做，並有能力去做的事。但是，這個目的，這個優先事項，對個別學生的意義是什麼？對那個學生進行品格教育的目的又是什麼？《好老師會做的二十件事》一書的作者哈爾‧伍爾本將品格定義為「激發出孩子最好的一面」。另一種詮釋方式則是在孩子內在培育最好的一面。理解內在動機的入口，就是「在……內在」這個前置詞。

品格的另一個常見定義是，當沒有人在看你時，你會做什麼。會這麼做是因為你就是如此。這個品格存在你的內在，它就是你。當我兒子二十出頭艱難謀生的時候，他決定要搬到另一個城市重新開始。他認為搬家可以讓他將充滿過

錯的生活一筆勾銷。我說：「這是一個不錯的想法。然而，這有一個問題。」當他問我是指什麼意思時，我繼續說道，「不幸的是，無論去到哪裡，你都必須帶著自己。」值得讚賞的是，他回答說：「有道理。」重點是，我們的品格就存於我們的內在，如果想改變自己的品格，就必須針對我們內在的東西。如果品格是指沒有人在看你時，你會做的事情，這位「沒有人」要如何獎勵或讚美你呢？它必須是基於內在本質、內心主觀的原因，而不是為了外部的獎勵或認同。否則，當沒有人在看的時候，就沒有人會做正確的事了。

從根本上而言，品格教育就是一種存在的方式。我們也應該以同樣方式來看待品格本身。你的品格就是你存在的方式。它不只是你的想法或行為。從美德理論的角度來看，美德是人不可分割的一部分，將價值、行動、情感和思想連結成具有美德的存在方式。富有同情心就是優先考慮（重視）同情，理解它，並感受與其相關的情緒（同理、憐憫等），並基於這些價值和感受，以及基於在特定情況下如何展現同情的合宜推理，以富有同情心的方式來行事。這顯然是這個人的一個特徵──而且還是複雜的特徵。如果品格是一個人核心的存在方式，那麼這自然會引出一個問題：為什麼一個特定的人會具有某種特定的存在方式。這個問題關乎一個人品格的來源。這個問題，我問過世界各地的人們，而最常見

的答案往往和關係（PRIMED 六大設計原則的「R」）和角色榜樣（PRIMED 六大設計原則的「M」）有關。其他人則是談論他們人生之中必須克服的創傷及障礙。從來沒有人聲稱自己的品格來自外在的獎勵或公眾的表揚。

思考這件事的方法之一，是透過動機（motivation），即一個人要成為有品格的人或成為有特定品格優勢或美德的人所可能需要的動機。而答案就是對於這個問題的回應：為什麼要成為好人？心理學家會將此視為一個關於動機的問題，或者如丹尼爾・平克（Daniel Pink）所說的「內驅力」（drive）。是什麼驅使你有某種特定的存在方式，而不是其他方式？是什麼驅使你誠實、富有同情心、負責任，或是勇敢──或是與這些詞彙相反的樣子？

這裡的重點是，無論你如何稱呼這種動機，理想情況下，它都是屬於你內在的東西，而不是外在的東西。這讓我們更能進一步地理解 PRIMED 六大設計原則中的「I」。

雖然 PRIMED 六大設計原則中的「I」代表內在動機，但它也可以代表內化（internalization）。我這裡的意思，是指價值觀的轉移，從父母、教師、學校及社區（孩子的外在）轉移至孩子的內在。讓這些他人所提出、倡導、甚至示範的價值觀，轉變為孩子自己持有的價值觀……就在他自己的內心。我們希望將這些價值觀從我們知道、理解並看到的，轉

變為我們所代表的一切，這就是內化。當這些價值屬於我們，深植於內心，並且被珍視時，它們就成為我們的動力了。我們有動力去遵循這些價值，因為我們即是那些價值，因為這些價值是我們的一部分。這就是內在動機的本質。

如果我們真的想進行有效的品格教育，那麼需要弄清楚如何讓孩子內化我們所教導、所示範的事物。本書將探討研究結果指出什麼可以促進價值的內化，以及什麼可以提升我們在言行中堅守這些價值的內在動機，使得我們真正且全然地成為有品格的人，而不僅僅是在當下以某種方式行事。

雖然將動機分為外在或內在過於簡化，但以這種二分法作為起點有所幫助。試想一個孩子正試圖決定是否要針對一些不自在的事說出實情（例如：一個好友的踰矩行為），或者正試圖決定是否要勇敢面對欺負另一個孩子的惡霸。誠實或勇敢，可能源自孩子的內在或外在動機。也許孩子會考慮自己可能獲得什麼好處（例如：獎勵或公眾的讚譽）。那就是一種外部來源或外部動機。另一種情形，孩子可能會想到希望成為一個什麼樣的人（誠實或勇敢的），或單純只是人生中看重的是什麼（真理、勇氣）。這些就會是孩子的內在動機。

身為教育工作者，我們應該努力地引導孩子，培育他們成為有品格之人所需的內在動機，這樣無論走到哪裡，他們都會帶著這些動機、這些品格優勢與美德，而非只在環境提

供了一個外部動機，例如：當他展現特定行為即有明確的物質報酬，或有一位權威人士看著時，才會展現特定行為。

這似乎是模糊又沒有多大幫助的目標，但事實上，它對於學校的設計及實施，乃至任何其他影響兒童發展的嘗試都至關重要。我時常思考自己所說的「孩童的內隱理論」（the implicit theory of the child）。藉由大學的發展心理學教授比爾・奧佛頓（Bill Overton），瞭解到這種思考兒童和發展的方式。從當時三種主要的心理學理論中，他提出了三種關於兒童的概念：行為主義（Behaviorism）、精神分析理論和認知發展理論。行為主義主張，兒童和其他動物一樣，取決於他們行為的後果，受到獎勵和懲罰等外部因素驅動。精神分析理論則主張，兒童本身就代表著一個戰場，在此戰場上，理性、良知及原始欲望如交戰的派系，爭奪發展中人格的支配地位。認知發展理論主張兒童是理性的、自我導向的，並且在本質上試圖為他們所存在的世界創造意義。

對我們而言的關鍵是，關於如何讓孩子成為好人，這些理論會導向的不同處方。行為主義強調以獎勵、懲罰及外部的控制來塑造孩子。它甚至不承認孩子內在存有其他動機的可能性。精神分析傾向於加強控制一個人的自私和反社會傾向，有時是藉由權威，有時是藉由洞察一個人潛意識力量和動機來控制這些自私又有攻擊性的部分，並讓人格中的道德

層面取得優勢。認知發展理論建議，應該引導兒童探索身體、社會及內心世界，並允許他們應對挑戰和問題，這樣他們就可以共同創作他們的成長之旅。這些方法都很不一樣。

那麼，這對學校整體還有品格教育而言，有什麼關係呢？事實上，關係可大了。

通常，並且在無意間，教育工作者傾向於採用行為主義的方法來協助孩子成為有品格的人。畢竟，我們總是被表面耀眼的事物所吸引。給孩子一些讓他們笑逐顏開的東西可以使我們感覺良好，因而覺得這麼做也情有可原。事實上，教育工作者使用外在的激勵因素（例如：貼紙、糖果等等）時，自己也因孩子表現出來的正向情感而得到獎勵，即它本質上會造成禍不單行的效果。教育工作者使用外在激勵因素，對自己產生增強作用，不僅強化了行為主義的策略，也強化了行為主義的理論。結果，他們更加不停地做下去。

如果外在的激勵因素可以導向價值的內化，所有的一切都將如此美好。不幸的是，並沒有。事實上，他們傾向於減弱價值的內化，這意味著教育者正在使用的方法，實質上會破壞他們主要目標，即在學生內在培育人類良善的興旺。接下來，我們將探討在校內使用外在激勵因素的弊端，尤其是品格教育方面。接著，我們將重心轉移至學校可以採用也應該採用之促進內在動機的替代方案。

第十五章

外在動機的危險

如果你是教育工作者也是家長，可以考慮透過以下問題來進行有益的思想實驗。如果你是教師但不是家長，請想像一下你的學生家長在家裡的角色。首先，我們假設父母希望自己的孩子發展出良好的品格。如果你不是這麼想，我懷疑你根本不會讀這本書。幾乎所有的父母都希望自己的孩子長大成為一個好人；也就是說，他們希望在孩子身上培育人類良善的興旺。因此，問問自己下列有關你的教養技巧的問題，這些教養技巧旨在促進孩子的品格發展：

- 你是否會把辛苦賺來的錢拿來購買印有品格詞彙的海報（例如：尊敬、責任、誠實，正直等等），然後把它們四處張貼在你的家中？
- 你會以品格詞彙來為家中空間重新命名嗎？例如：關懷廚房、仁慈洗手間？
- 你是否隨時備好小集點卡，當孩子表現優良時送給他？

● 當他們累積足夠多的小集點卡時，你是否會提供點心零食和獎品來獎勵他們？

● 你是否每天都為家人朗讀關於品格的名言佳句（最好是透過你家中的揚聲系統）？

● 你是否每個月召集全家一次，宣布該月哪一位家庭成員有最出色的品格表現？

　　你應該不會這麼做。接著，詢問你自己以下這個問題：身為一位教育工作者，如果你相信這些策略不僅強大而有效，為什麼不對自己的孩子採用這些策略呢？

　　如果你對自己夠誠實的話，那麼你可能會通過承認它們沒有那麼強大來回答這個問題。然而，教育工作者不斷地求助於這些策略，並堅決抗拒使用更有效的策略來取而代之。我希望你可以認真地考量並面對，教育工作者對於外在激勵因素普遍的成癮。說服你的方法之一是仔細檢視這種外在動機造成的實際結果。

　　促進品格發展的方法有兩個最不利的結果是：（1）無效（對品格毫無影響）或（2）破壞（不良的品格）。可悲的是，就外在動機來看，兩種結果都有。

　　此類資料的最佳來源，或許是針對自我決定（Self-determination）理論的研究。根據艾德華・德西（Ed Deci）

和理查·萊恩（Richard Ryan）進行超過二十五年的高水準研究顯示，最糟糕的一種激勵因素是物質獎勵（物品，甚至像貼紙這種小東西），而且人們事先知道藉由某些行為可以獲取物質獎勵。不幸的是，學校往往會這樣做。學生知道，如果他們表現出尊重、採取負責任的行動，或者說實話，他們就會得到回報。我聽過一個又一個的故事，情節都是講述學生在成人面前故意「表演」關於品格的舉止行為，只是為了獲得大家都知道的預期報酬。加拿大有一位前任校長講述了他造訪一所學校的故事，有一位學生熱切地迎接他，說：「喔，小姐，你今天看起來真美麗。」當他大方且真誠地感謝他時，他一直跟在他後面。接著，他又重複了一遍，第二次以更強調的語氣說：「小姐，你今天看起來真美麗。」他感到有些疑惑，仍再次感謝他，他回答：「我的獎勵呢？」另一位校長告訴我一個事件：走廊上，有兩位中學的女學生竊竊私語著，正當校長和一位老師走近時，其中一人對同學低聲說：「現在，就是現在。」一位同學把書掉落在地上，另一位同學立刻去幫他撿起來——同時看著校長——接著問：「會給我虎爪獎勵點數[1]嗎？」

研究顯示，採用先驗的（他們事先知道）、條件的（你因做某件事而獲得獎勵）和物質的（你獲得某樣東西）獎勵，會減少尊重、責任、誠實或任何一種層面的品格內化。它其

實會破壞品格教育的目的，也就是品格的內化……要成為一位有品格的人，而不僅只是因為預期得到回報，才要表現得像是一位有品格的人。

　　一項又一項的研究證實了這種影響。例如：幼童如果因為友善或幫助他人的行為而得到獎勵，他們無私的利他動機會降低。當成年人因為執行健康方案（例如：負責任地服藥、基於健康原因而節食、為物理治療而運動）而獲得獎勵時，他們對健康方案的遵守就會降低。事實上，學校一再地告訴我們，為品格設立獎勵制度，不僅會減少親社會行為，實際上還會增加不良行為。正如一位經驗豐富的校長告訴我的：「當我們開始在學校推行正向行為干預與支持（Positive Behavioral Interventions and Supports，PBIS）時，其方法中的金字塔模型完全顛倒了。以前在金字塔頂端有反覆不當行為的孩子只有 15％，現在有反覆不當行為的孩子有 85％，反成為金字塔的底端。」他表示，他必須非常緩慢地讓這些成人（父母和學校工作人員）接受這一點，以擺脫對於外在動機的依賴，這件事並不簡單。真正在意這些獎勵和認可的人不是孩子，而是成人。他們正在尋找著亮點之處，而不是關鍵在哪裡。

1　Tiger Paw，美國有些學校為鼓勵學生的正向行為而給予的獎勵點數，點數可至學生商店（Tiger Paw Store）兌換商品。

堪薩斯城公立學校校區（Kansas City Public Schools）的一所小學就是一個極有說服力的例子。學校的學生都來自社會資源不足的弱勢家庭和社區。他們希望向學生們灌輸服務的倫理，因此設計了一個為期一年的專案來增加學生們的服務。隨著學生記錄越來越多志願服務活動，這方法似乎奏效了。後來，在接近該學年結束時，學校工友宣布工作三十年的他即將退休。他是學校裡最受歡迎的成人，主要是因為他愛每個孩子，而且孩子們都知道。學校建議孩子們，為工友舉辦一個歡送退休的驚喜派對，作為一整年服務活動最完美的頂點。令人驚訝的是，學生完全把事情搞砸了，什麼都沒有做。當我問學校是否知道派對為何無法成功舉辦時，他們回答說：

> 是的，我們終於意識到問題在哪裡了。我們藉由給予獎勵來增加服務。孩子們增加了服務行為，但從未內化服務的價值。他們只是為了獎勵而這麼做，而退休派對沒有附帶任何獎勵。

外在的激勵因素可能會改變行為，但是（1）效果是極其短暫的，當環境中沒有獎勵時就會消失；（2）那些寶貴的價值永遠不會內化成為品格，這就是重點所在。

我們想要的，是讓學生將重要的品格優勢加以內化。當珍妮佛・迪肯-布切克（Jennifer Dieken-Buchek）帶的四年級學生班級，因為在學校餐廳表現良好而被校長授予學校金湯匙獎（隨後有一場冰淇淋慶祝派對）時，其中一名學生大膽地站起來對校長說話。為全班發言的他很恭敬地說：「謝謝，但是我們不要冰淇淋派對。」校長驚訝不已並詢問原因，學生們回答說：「我們本來就應該這樣做，因為這是正確的事情，而不是為了獎勵。」他們不僅內化了負責行為的價值，還習得了品格發展的基本原則，這都多虧了珍妮佛的努力。

與我一起共事的一所高中創建了一個品格獎勵制度。他們有六個核心的價值，每一個都有顏色作為標誌（紅色代表尊重，藍色代表責任等等）。例如：如果你被「現場抓到」展現了尊重的行為，你就會得到一個紅色的塑膠手環。到了年底時，擁有全套六色手環的所有學生都能參加抽獎活動，能獲得豐厚的獎品。我問學生們是否喜歡這種外在獎勵系統和塑膠手環。他們回答說：「嗯，其實我們會從同學那邊偷手環。」你發現了嗎？這制度旨在促進道德品格，卻反而滋養偷竊手環行為。最終，校長不得不中止這個制度，因為這逐步發展成了一個黑市，為了拿到手環來得到獲獎的機會。學生實際上在做的就是偷手環，然後賣給彼此。

孩子們也會看穿這種外在激勵實踐中經常出現的人為因

素。我的侄子杭特曾經在小學班級中被頒發了「本星期最佳品格兒童」。他的母親，我的妹妹蓋爾激動不已。當他明智地問他做了什麼而獲得認可時，他只是冷淡地回答：「因為輪到我了。」

我聽過許多教育工作者為我所稱呼的「斷奶理論」（weaning theory）爭論不休。最近，一位主要針對特殊需求學生的私立學校校長向我提出了這個論點。事情是這樣的：「對於我們的學生群體，首先，需要讓他們專注於良好表現，所以我們必須從外在的激勵因素開始。之後，我們會讓他們戒掉獎勵。」這是一個絕佳的理論。然而，在實行之際，對外在激勵系統上癮的似乎是成人。當我問那一位校長他是否真的讓孩子們斷絕了獎勵，他的臉色明顯發白，因為他突然意識到事實上他們從未這麼做。而可悲的是，這是很常見的情況。

另一個版本，對象則是針對幼童，即學齡前兒童，及就讀幼兒園的兒童。這項論點也是類似狀況。「在這個年齡，他們在發展上專注於外在後果，所以我們必須利用這一點。這就是他們認為世界如何運作的方式與決定是否對錯的方法。」這是對兒童人生中最初五至六年的準確描述。然而，這個論點的其中一部分是，我們以後會讓他們戒掉獎勵。再重申一次，他們根本不會這樣做。外在獎勵成為學前班、小

學領域中⋯⋯甚至是往後都適用的通用貨幣。此外，我們並不想只是迎合他們的發展層次（developmental levels）。相反地，我們希望幫助孩子們以更成熟的方式來理解並探索這個世界。換句話說，我們希望成為發展上的嚮導，幫助他們有所進展，在此指的就是，超越以獎勵作為行善、知善的基礎。在發展式教學法的章節中，我們將會更全面地探討這一項觀點。

很重要的一件事是談談懲罰。懲罰不是一種有效的行為改變機制。它或許可以立即中斷一個行為，卻是一種糟糕的發展策略。正如一位睿智的學校輔導員曾經對校內教師所說的一樣：

> 當你在課堂上因不當行為懲罰一個孩子時，他停止了行為，你認為自己已經成功地減少了他的不當行為。錯了，他之後會在你看不到的時候，做些更嚴重的事被叫到我的辦公室，而且往往不止一次。

當你採取懲罰手段時，就促成了不當行為，而非阻止不當行為。

使用極端體罰的家長，最有可能養成慣性暴力的孩子。畢竟我們知道，孩子從我們行為中學到的東西遠比我們所說

的話還多（於下一篇「示範」的內容進行更多說明）。它往往會損害我們上一篇所談及的重點——關係。此外我們將於下一章所討論，這也是一個問題，因為懲罰往往與不當行為無關。

許多教育者明智地避開物質獎勵（以及懲罰），而採用公開讚美，這是聰明的舉動，我們將在下一章進一步研究這點。然而，有許多方法可以構建讚美，如果做錯了，就會產生附帶損害。公開讚美最危險的一環是觀眾。無論一個人進行的是負面反饋（譴責）或正面反饋（讚美），若有觀眾在場，就等同為附帶損害打開一扇大門。當我請大家分享曾經遇過一位最糟糕的老師的故事時，最常見的敘述是與公開羞辱有關。一位資深教師講述自己一年級時在全班面前被羞辱批評的經歷。那僅有五秒鐘，可悲地就是一個典型脫口而出的評語，那種貶低孩子的體型、外表、種族、性別、宗教及家庭背景的評論等。在說出貶低又傷人的評論半小時後，那位老師可能就不記得自己曾說過的話語。然而，這位教師在我們的學習小組中分享這個經歷時，伴隨記憶而來的痛苦令他無法把故事說完。他開始啜泣，當時他五十七歲了，這件事發生於半個世紀前，但情緒帶來的影響仍如此劇烈。

當你訓斥孩子時，盡量不要有觀眾。在讚美時，有觀眾在也有其危險，但原因卻截然不同。最常見的品格教育策略

之一，是基於品格的相關表現得到公開認可。這可以是許多不同的形式，如全校品格教育大集會、品格頒獎大集會、針對品格優秀的人或品格行為的公開廣播公告、班級「品格之星」的宣布公告等。這些都有相同的基本概念：公開地聲明品格榜樣，以影響「觀眾」的品格發展。然而，這正是我感到困惑的地方。關於公開表揚實際上如何達成促進人類良善興旺之目標，它的理論究竟是什麼？我試圖要搞清楚教育工作者的想法。以下是我進一步假設他們的想法：

蘇西·史密斯因展現出足以作為典範的尊重，接受公開表揚。這件事發生於，譬如說，全校性的活動中，而這個假定就是觀眾席上的學生聽到該項公告並認為：

哇，蘇西·史密斯真是一位值得學習的好榜樣，因為他的表現和大家的認同，我要更努力奉獻我的生命成為更尊重有禮的人……並盼望可以變得更像蘇西！

真的嗎？你真的認為孩子們是這麼想的嗎？以下是實際會發生的狀況。

可能會有少數孩子是這麼想的，就是蘇西的好朋友。更有可能的情形是，他們只是覺得他們之中的一人獲得這樣的光榮時刻很酷，但很大的機會不會著重於背後的原因，而這

只是其中的一些孩子。其餘多數的孩子都會覺得無聊，希望在這樣的聚會場合中被准許攜帶及使用智慧型手機。此外，還有一些變得格外憤怒的孩子。「蘇西・史密斯尊重？他來學校表現舉止恭敬那麼一次，我每天努力展現出尊重，卻都沒有人注意到這件事。我討厭這個學校！」

到目前為止，這種宏大的教學實踐已讓多數的學生感到厭煩，並疏遠了其中一些學生。並沒有產生太多品格發展的影響。然而，還不只這樣。第二天早上，學校辦公室的來電比平時更多，因為家長們都打電話來抱怨：「為什麼蘇西・史密斯得到了品格的獎勵，而我的孩子沒有？還哭著回家了。」又或者，「蘇西・史密斯？認真的嗎？我認識他們家的人，他們就是一群失敗者啊。我的孩子卻從來沒有得到認可。」糟糕了，增加了更多敵人以及疏遠學校的關係人。

現在，我們來統計一下分數。有一些高興的學生（那些得到認可的學生和幾位他們的好朋友），很多覺得無聊的學生，還有一群覺得被剝奪而疏遠的學生，以及一群憤怒的父母。這教學法選得真好，不是嗎？所有的附帶損害都來自一個基於善意、根深蒂固、且受人喜愛的作法，儘管這種作法未能實現品格的內化，且實際上因其令人無聊、有疏離感而適得其反，並激怒相當多的學校關係人，但學校仍然堅持這種作法，就好像公開表揚是他們賴以為生的東西一樣。

順便一提，如果以上不能說服你，而且你是一名教育工作者，請思考一下，如果你的學校或學區有「年度最佳教師」或類似名稱，請想想學校教職對每年公布入選的教師的反應。教師們反復地告訴我，一樣的情況，只是更加痛苦和疏離。「這是一場人氣競賽。他不可能是比我更好的老師。」「投票的人怎麼知道其他老師有多好？」等等。更多的怨恨，對改善教學沒有太大的積極作用。更多的附帶損害。

　　我們已經清楚看見，我們的目標是將正向價值加以內化，使它們成為本來的樣子（即便沒有人在看）。因此，我們有了內在的動力以成為有品格的人，成為尊重他人、負責地行事、說真話、公平公正、關心他人的福址（即使是那些與我們不同的人）。此外，我們已經看到，使用外在激勵因素實際上會破壞這個目標，而公開讚美不僅無效，還會產生許多附帶損害。這就是艾菲・柯恩（Alfie Kohn）把其著作命名為《用獎賞來處罰》（*Punished by Rewards*，中文書名暫譯）時所要表達的意思。

　　有人告訴我以下這件事作為一個重要的警世故事，就我所知，類似的軼事還不少。幾年前，有一位大型小學的校長表示，他學校內的幼兒園教學團隊施行相當嚴格的懲罰。老師們使用一種常見的行為管理技術，公開地以圖像化的方式呈現每個孩子在校的表現，從好、警告，一直到不佳，分別

以綠色、黃色和紅色的交通號誌燈來代表。他們時常將每位學生桌上那張「交通號誌燈」圖表寄回家。在一星期內，兩名因其行為而導致「非綠燈」的孩子將這些圖表帶回家中。回家時，孩子們遭到毆打，以致需要聯繫政府的兒童保護機構，讓他們被帶離家中。在那個月底，同一位校長和我們分享，又有五個孩子經歷同樣的事。另外，兒童也會以其他方式受到懲罰，例如：失去特權，往往只是家長試著支持學校的政策及作法。一點也不意外的是，這些孩子開始嚴重地抗拒上學。正如喬‧安‧福伯格（Jo Ann Freiberg）所言，這不只是行為程序基於錯誤的理論，如「正向行為介入與支援」（PBIS）和「Classroom Dojo」[2] 等教育平台，這也造成了真正的傷害。

　　既然如此，你應該做些什麼呢？什麼可以真正有助於培育人類良善的興旺，並內化學校的這些核心價值？事實上，這正是我們在下一章所要探討的事。

2　是一家美國教育技術公司所研發的數位教學工具及平台，將教師、學生及家長聯繫起來，互通上學時照片及資源，是許多教師用來進行班級經營管理的工具應用程式。

第十六章

由外而內：
為內在動機設計學校

在這個章節中，我們會完成三件事。首先，我們將會確立支持人類良善特質內化的兩項基本要素。接著，我們會描述必須於校內進行的三大轉變，以增進學校所選定的核心品格優勢、價值及美德的內化。然後，我們將研究基於實證的策略，以實施促進內在動機的有效方法。

◁ 兩項基本要素

我們從孩子的外在（理論上）選定並強調價值開始。這些價值在學校裡、在其使命宣言裡、在牆面上，也在使用的詞彙裡，目標是讓它們移轉到學生的品格之中。需要具備哪些條件才能促使這件事成真？

首先，學生需要感受到對學校的歸屬感（sense of belonging），以及對學校成人的情感依附。請記住，歸屬感是自我決定理論中確立和鎖定的三個基本動機之一。此外，

作為 PRIMED 六大設計原則之一，我們針對「關係」的重要性進行深入的分析。歸屬感是關係的表現形式之一。

學生們一旦對學校或其次級單位（例如：班級、中學領域小組或年級）產生真正的連結和歸屬感，並與學校中成人建立對應的健康關係，那麼他們就會在乎學校及那些成人所在意的事。

第二項基本要素，是機構（學校、班級等）和成人必須示範他們希望在孩子身上看到的品格。如果這兩項要素都具備了，那麼學生就作好準備，足以內化並體現學校期待他們擁有的品格特質。由於「示範」是 PRIMED 六大設計原則之一，「M」，所以我們將於下一篇章繼續討論。

⤳ 四大轉變

我們就從傳統外在激勵形式已根深蒂固的一所學校開始，它往往強烈地依賴對品格進行外在獎勵，並利用公開形式表現對品格行為的肯定。為了讓我們能成功轉向有效的內在動機，我們必須進行一系列的四大轉變。首先，審視學校採用的所有外在激勵因素是一個絕佳的策略。找出給予獎勵的人、獎勵的原因、獎勵的頻率，以及實際的獎勵有哪些。找出有哪些人會公開辨認品格行為及對象、用何方法和在哪些特定的時間等。接著，你可以思考如何根據以下列出的四

大轉變，盡可能地來促成改造。

（1）第一項轉變，是從物質獎勵轉向社會肯定。請擺脫那些物品吧。當珍妮絲・威利被任命為曼恩小學的校長時，他將學校庫存的所有獎品都捐贈給當地的兒童醫院。與其針對良好行為給予物質上的獎勵，不如純粹地讓孩子們知道你欣賞他們以及他們所做的事。

（2）其次，是從預定的後果轉向自然的後果。不要提前公布行為的後果，例如讓孩子知道你的政策是在一天結束時給予幫你整理教室的孩子一張貼紙。取而代之的作法是，主動發現孩子自發性地表現良好品格的時刻。

（3）第三，從公開的後果，轉向私下的後果。正如我們剛才所討論，這個作法是避免公開表揚且仰賴私下的表揚。將你的手放在孩子肩膀上，不聲張地告訴他：

　　我真為你感到驕傲。他太害怕了。今天是他在這所學校的第一天。我看到你走到他身旁，邀請他和你還有你的朋友坐在一起，這真的太棒了。你有看見他的表情嗎？他滿臉的笑容。這就是讓我們學校成為一所絕佳學校的原因之一。繼續保持喔！

當一個孩子聽見一位重要的成人這樣的鼓勵，實際上

還需要一張貼紙或一支閃亮鉛筆，或是向整個學校餐廳進行「大家好！你們都看見譚雅剛才做了什麼嗎？他超棒的」的宣告嗎？這裡的潛台詞當然是，「比你們任何人做得還好，你們應該要像他一樣。」我不認為這會是你真正想要傳達的內容。

（4）第四，從不相關的後果轉向相關的後果。這尤其適用於針對不良行為的懲處，但也適用於積極的後果。俗話說得好「讓懲罰符合罪行」。或者更廣泛地說，讓後果與行為相關。對於品格的發展，則應該說是「使懲處與不當行為產生相關性」。這是修復式實踐的核心（我們將會接著進一步討論）。當一個孩子犯了一個錯誤時，其概念是為造成的後果彌補損害，清楚顯示兩者之間的相關性。相關的後果，在負面的案例中，會提高瞭解為什麼不良行為不可取的可能性。就正面的案例而言，它會增加所期望的行為。正如相關性對於學術課程的學習很重要一樣，對於品格課程的「學習」同樣重要。

⤳ 內在動機的有效實施策略

在培育成為品格之人的內在或內部動機方面，兩個最重要的要素為「角色榜樣」（role modeling）和「社會連結」

（social bonding）。這基本上代表著我們希望孩子們和學校社群中至少一位成人（更理想的情況是一位以上），以及和學校社群本身，在情感上有所連結。這可以是整個學校或其中的某個次級單位，例如班級或整個年級。然後，我們希望那些與學生有情感聯繫的成人和他們身處的社群能體現我們希望在學生身上看到的品格。在前面討論關係的部分，我們提供了促進社會連結的例子。第二個層面，將在接下來關於「示範」的篇章中介紹。在此，我們會基於實證討論促進內在動機的四種方法。

　　許多學校花了大量的精力，協助學生展現安全、親社會並且有利於學校學習目標的行為。其中有一些方式導向價值的內化，可以幫助學生成為一個親社會的人，而其他方法則不然。作為一位教育工作者，在面對行為偏差的學生時，瞭解自己的真正動機相當重要。如果真切希望他們將親社會及自我管理的價值內化，讓他們本著安全、親社會的內在動機，那麼人們就需要明白導向這種內在動機的實際成因是什麼；也就是關鍵所在之處。以下是四種相關的策略：

（1）**修復式實踐（Restorative）**。傳統的行為管理策略，往往是反應性的、報復性／懲罰性的，並且是無關聯的。這意味著它僅在不當行為發生之後實施，目標是讓違規者感到痛苦，而這些後果與該行為的本質

幾乎沒有關係或根本沒有關係。目前，人們更加關注一種非常不同的思考和實施行為管理的方法。一個很好的例子就是修復式實踐（請參見國際修復式實踐研究所），其中包括預防性和反應性元素，旨在修復關係、修補對關係造成的傷害，同時培育違規者的發展。瑪麗蓮・華森在他的著作《學會信任》中描述了對不當行為的一種相關反應，他稱之為發展式紀律（Developmental Discipline）。其中強調的前提是，教育者首先要相信學生想要學習，也想要興旺與成長。接著，教育者必須做基本的兩件事。第一，他們需要積極地培養健康的師生關係，這包括了師生之間以及學生之間。在前面討論關係的部分，我們已經描述了相關策略。第二，當孩子犯錯時，教師的立場應該是將這項不當行為視為投資孩子發展的機會，讓他成為一位更加自我管理和親社會的人。這會導向更多的對話討論，而不是下達後果處分。當史蒂克斯幼兒中心（Stix Early Childhood Center School）的校長黛安・迪蒙（Diane Dymond）決定與他的員工一起投入於發展式紀律的相關專業發展時，他注意到，在紀律的情境中，最終的結果是減少了告誡（telling），並增加了提問（asking）。命令減少，提問增加。在法蘭西斯豪

威爾中學，學生之間將學校紀律的政策改名為「TTD」，
意指「聊個沒完」（Talk to Death）。就學生們的行為，
教職員與他們進行了長時間的對話，經常會問「在那種
情況下你還可以做一些什麼？」之類的問題，或是「你
能做些什麼來解決這個問題？」又或者是「我們的核
心價值中，你違反了哪一項？」有些人可能認為這是
對學生「心軟」或「放水」，但在此類對話中，頻繁
發生的情況如這一個例子，一位法蘭西斯豪威爾中學
的學生懇求地說：「可以直接讓我留校察看嗎？我不
想再談這件事了。」事實上，針對這樣的情況，修復
式實踐模式提供了一系列非常有幫助的提問。

（2）**提倡同理心**（Empathy Promotion）。引導法（Induction）
是兒童發展（在育兒和教育方面）有廣泛研究並具有
影響力的實施策略。它本質上是一種構建評價性訊息
（evaluative message）的方式，無論是試圖要讚美或批
評孩子的行為。引導性的訊息必須具備以下要素。首
先，有評價性訊息，「我為你感到驕傲／高興……」
或「我對你感到非常生氣／沮喪／失望」的其中一種
版本。第二，該項評價必須有明確的理由，例如「……
是因為 ×××」。第三，理由之中要提及兒童行為的
後果，例如「因為這東西已經壞了也不能用了」或「因

為它現在比之前更方便使用了」。最後，應該要強調這對於他人感受上的影響：「因為這東西已經壞了也不能用了，他為此難過哭泣」或「因為它現在比之前更方便使用了，他很高興現在更能夠好好使用它了。」已有證據顯示，引導法能導向許多令人印象深刻並與內在動機相關的品格成果，例如無私心的傾向、更高的良知。

（3）**專注於努力。**當你給予獎勵（最好是讚美的形式）時，重點應該放在孩子本身的努力，而不是努力後得到結果的質量或數量。需要遵循的規則之一是，獎勵或讚美結果會增加重複該結果的可能性（例如數學考試得到好成績、積累更多的愛校服務時數等），但同時也增加通往該結果的任何途徑（例如：認真努力、學習、撒謊、作弊等）。另一方面，讚美孩子的認真努力，會增加他們努力的內在動機，包括恆毅力（Grit）的內化，即對目標的堅持及熱情。

（4）**品格作為一項自我的專案（character as a self-project）。**人類，至少在某種程度上，是透過自我構建。我們有意志，我們可以隨著時間推移進行預測，包括藉由遠見展望未來，我們可以進行自我評價。在品格方面，特別是關於自己，反思（reflection）是構建品格的關鍵工具。此外，特別是在青春期及之後的階段，一個

品格教育

人的自我概念及自我認同的形成，對一個人的品格形成至關重要。教育者應該為學生提供必要的時間、傾向和能力，讓他們反思自己的品格、社會道德行為，以及他們的自我認同。在後續發展式教學法的篇章時，我們將會回來討論這個議題。

⋖ 「內在動機」相關參考資料

書籍

1. 《恆毅力》（GRIT: *The Power of Passion and Perseverance.*）Duckworth, A. (2016). New York: Scribner.

2. 《用獎賞來處罰》（*Punished by Rewards: The Trouble with Gold Stars, Incentive Plans, A's, Praise, and Other Bribes.*，中文書名暫譯）Kohn, A. (1999). Boston: Houghton Mifflin.

3. 《學會信任：依戀理論與課堂管理（第二版）》（*Learning to Trust: Attachment Theory and Classroom Management (2nd Edition).*，中文書名暫譯）Watson, M. (2019). New York: Oxford University Press.

網站

1. International Institute for Restorative Practices—https://store.iirp.edu

2. Self-Determination Theory—www.selfdeterminationtheory.org

✂ Primed 六大設計原則的行動計畫工作表:

內在動機策略

「內在動機」:重視某些事物因為本來就該如此,而不是因為後果(例如:獎勵、懲罰,或認可)。將各種價值內化,使其適用於任何地方(不僅在學校,或在監督的成人面前)。內化的結果導致做正確事,即使沒有人在看。

基於實證的實施策略:

行為管理:發展性紀律

引導法/同理心

讚美努力,而不是能力

反思的使用(特別是道德層面)

自我成長:挑戰性/有意義/相關性的課程

修正自己的工作/努力的機會

目標設定/想像可能的自我

服務:道德行動的機會

社區服務/服務學習

第一步:

請辨識並寫下至少兩個你的學校/學區已實施的內在動機策略。也可以採用上述類別或其他已採取且認為會增進品

格和價值內化的方法。

1. _____

2. _____

3. _____

4. _____

第二步：

　　請辨識並寫下至少還有兩項你所能進行以增進你學校／學區內在動機發展的策略。同樣地，可以從上述類別進行選擇，也可以列出認為可以促進品格和價值內化的任何方法。

1. _____

2. _____

3. _____

4. _____

© Berkowitz, M.W. (2021). PRIMED f or Charact er Educat ion: Six Design Principl es f or School Improvement. New York, NY: Routledge.

第五篇

PRIMED 的
六大設計原則之四

榜樣示範來增強
（Modeling）

第十七章

成為好人

　　正如湯姆・利科納所指出的,「影響孩子品格唯一最有力的工具……就是你的品格。」因此,品格教育從照鏡子開始。為了讓品格教育發揮最佳的作用,它必須從對學生造成影響的成人開始。此外,這必須從一個令人非常不自在的起點開始,藉由照鏡子——以毫無修飾且誠實的方式——來評估自己的品格。然後,努力克服我們都會在自己身上看見的品格上的瑕疵及雜質。孩子們從我們的言行舉止之中學到更多,勝過我們告訴他們應該做的事。正如思想家拉爾夫・沃爾多・愛默生(Ralph Waldo Emerson)所言:「你的言行舉止如此響亮,以致於你說的話我一個字都聽不見。」

　　這些學生們,尤其是小學低年級之後的學生,不僅善於觀察身邊成人的虛偽……他們也積極尋找。他們想要看到成人的過錯、局限以及失誤。尤其是青少年,他們在心理上需要說服自己至少與成人是同儕,無論是家長/照顧者,或教育者,或其他任何人。為了讓他們在心理上建立自己是「成

熟」的人，無論這對他們而言是什麼意思，他們必須要以「沒有比我們更優秀」的方式看待成人。接著，他們就會覺得自己已經成熟了。注意到成人的局限、失誤及弱點，是他們心理成長的燃料。他們是偵測虛偽的偵探，當他們要攻擊成人的優越感時，甚至不需要我們提供彈藥來協助他們。

　　身為影響孩子品格的成年人，我們理應努力成為最好的自己，並示範希望學生成為的樣子。就教育工作者而言，為了幫助他們蓬勃發展，需要深思熟慮地做到這一點。這樣想吧。如果一所學校致力於一套核心品格優勢，並且有系統地敦促學生體現這些優勢，例如：尊重、責任、誠實、同情和正義，若我們自己表現出不尊重、不負責任、說謊、對他人的困境麻木不仁，或者表現出偏袒或偏見，就會損害我們崇高的品格教育事業。經由我們的行為與對孩子的要求背道而馳，我們破壞了整個品格教育事業。我們不能要求孩子超過要求自己，然後期望往好的方向去影響他們的品格發展。

　　我們都並非是完美的人，也沒有人能做到百分之百的尊重或同情心。我們都會由於某種原因而犯錯。這裡的要求不是成為聖人，而是成為你所能成為的最好的人，完全清楚地意識到你永遠不會達到完美。並且，要繼續努力變得比現在更好一點，但要原諒自己的不完美。換句話說，我們將於發展式教學法的篇章更深入地研究這一點，讓你的品格成為一

個自我成長的專案，但學會持續地愛自己，愛那個不完美的自己。始終以完美作為一項目標，但永遠不要期望完美。此外，永遠要承認自己的失誤（關於負責，還有更好的表現形式嗎？），並對此保持開放和坦誠的心。負面的示範是有毒的，解藥則是衷心誠摯的道歉。

關於示範有三個層面，重要的是要理解學校裡的每一個人都要遵守，包括機構本身。套用甘地的箴言，就是成為我們希望在世界上看到的改變，成為我們希望在學生身上看到的品格。第一，他們一直在觀察著，不會錯過太多事物。泰德‧施澤爾（Theodore Sizer）和南西‧施澤爾（Nancy Sizer），寫了一本關於高中的精采著作，書名為《學生們都在看著你》（*The Students are Watching*，中文書名暫譯）。沒錯，他們就是這樣，而且還不只是在高中時期。我經常認為，教師們總是下意識地認為自己有一件可自由啟動的哈利波特隱形斗篷，當他們不想被聽見或被看到時就啟動，而當想被聽見或被看到時就關掉。但我很抱歉，要來潑你冷水了，你沒有隱形斗篷，任何人都沒有。

學生們看得見也聽得到你的言行舉止，而且都會記得。這對他們有深厚的影響。你告訴學生要負責任，卻弄丟了他們的報告，或者在承諾要交還時，卻沒有做到，這就損壞了你傳遞的價值和信息。或者，當你責備他們撒謊或作弊，並

可能也懲罰了他們，接著卻對自己為何沒有批改他們的作業或對星期二缺席謊稱了一些原因。又或者，當你教他們正義和同情心，卻偏袒部分的學生，甚至更糟糕的是，特定的學生小群體。學生們不僅在校時會看見你；他們在社區的百貨商場、餐廳或是超市都會看見你，他們仍會一直盯著你看。

正如亞里斯多德在兩千多年前所指出的，無論我們喜歡或不喜歡、有意或無意，孩子身邊的所有成人都會影響他們的品格。影響他們的關鍵方式，是藉由我們的示範。第二，成為榜樣不是個人選擇。許多年前，曾入選籃球名人堂的運動員、現今的體育新聞播報員查爾斯・巴克利（Charles Barkley）宣稱他並不是一個榜樣人物，實際上也是在勸告孩子不要選擇他作為榜樣。他清楚自己在品格上的弱點，不希望年輕人只因為他是一名優秀的運動員及藝人，就把他當作效仿對象。他足夠明智地意識到，成為榜樣人物並非個人選擇。相反地，這取決於效仿你的人。這件事你無權過問。

第三，我們永遠不知道哪些行為或言論會對孩子的人生旅程造成影響，也不知道那會對哪些孩子產生影響。所有在學校工作的成人最終都會成為榜樣，我們不知道哪些學生會回到學校——往往是多年之後——告訴他們，他們曾對那位學生的人生產生何種深遠的影響，甚至拯救了他的人生。然而，教師時常不知道這件事，有時甚至還不記得這位學生

了。值得特別說明的是，其中有一些影響是積極的：正面肯定的、令人振奮的，及鼓舞人心的。然而，也有一些有害的影響：指責羞辱、刻意排擠，削弱自我價值。你永遠不知道事情結果會如何。那可能是你在幾秒鐘內所說、所做的事情，甚至當天晚一點就不記得了。

對於教育工作者和工作是面對孩子或在孩子身旁的人來說，要作為一個品格榜樣是很高的要求。被要求成為美德的典範、道德的典範、教育界的聖人，這項要求非常高。你可以理直氣壯地提出理由說，你的薪水沒有高到足以成為這樣的典範（而你是對的），身為一名教育工作者，你沒有得到足夠的認可及社會地位，無法被要求達到如此崇高的道德及社會標準（在世上多數的地方而言，你說的都沒錯）。

然而，身為教育工作者不只是工作。它甚至不僅僅是職業。當然，教育是工作和職業，但它最終是一份使命。這份使命絕不亞於投身宗教或軍人職業的使命。當一個人被召喚時，社會地位和報酬並不是最重要的議題了，儘管這兩者都很重要。教育者是被召喚的一群人，他們被召喚加入服務。他們被召喚來服務、培育自己所負責的學生的興旺（和學習）。因此，為品格進行示範，也絕非是不合理的要求。事實上，它是實現教育使命的核心，也讓我們回歸到 PRIMED 的六大設計原則中的「P」，即你的優先考慮或目的。

第十八章

示範教學法

　　為了運用榜樣示範來培育學生人類良善的興旺，有兩大類實施策略。一是增加他們在學校社群中遇到的人成為正向榜樣的可能性。另一個是讓他們接觸對榜樣人物的描繪，例如在文學和歷史當中。

✂ 學校環境中的角色榜樣

　　所有與孩子一起工作或身處在孩子周遭的成人都是榜樣，無論是正面或負面。因此，我們需要策略來最大化這些成人實際上示範良好品格的程度。在任何組織中，通向成人品格（或專業能力）的基本途徑有兩條：選才和形成。無論是徵選品格教師，還是尋找宗教團體的新成員、招募員警、客戶服務代表或球隊新血，都需要看看你如何篩選和選擇他們（選才），以及一旦你讓他們成為團隊的一員，你如何投資他們的個人和專業的發展（形成）。這既不簡單也不容易。

　　沒有簡單的品格試金石。雖然有許多可靠又理想的問卷

可以評估品格的各個層面，但適用於集體的評估，而非個人的診斷。儘管如此，有智慧的學校領導者仍會試著找出那些適合學校精神特質及品格使命的求職者。他們希望這些人成為學校團體的成員，因為他們會在工作中發揮得更好，例如：教育孩子。然而，他們也應該要尋找在學生品格發展過程中足以成為良好榜樣的人。艾德華・麥克萊倫（B. Edward McClellan）在其出色的著作《美國道德教育》（*Moral Education in America*，中文書名暫譯）中指出，隨著教學從家庭轉移至校園，女性被選為教師主要是因為大家覺得他們會是學生更好的道德榜樣。

多數情況下，這種選才是經由面試程序來實行。例如：你可能會向求職者提出有難度的班級或行為管理情境，並詢問他們問題，例如：「你曾經面臨這樣的情況嗎？如果有的話，是如何處理的呢？」或是「面臨這樣的情況，你會怎麼做？為什麼？」克麗絲汀・佩爾斯特曾經表示：「我不會問他們關於學科內容知識的問題。如果他們擁有一張數學或科學方面的教育文憑，那麼我認為他們瞭解內容知識或以後可以學習更多。我會問他們關於品格教育的問題。」正如商界的一句格言所說：「人們因知識及技能被錄用，卻因為品格而被解僱。」為什麼不藉由篩選來盡可能地減少後者呢？

另一項簡單的策略，就是觀察他們和學生們一起的時

候。有些學校請求職者備課並在班級直接教一堂課，或者設立一個學生面試小組，請求職者花約半小時的時間簡單地與學生交談，然後聽取學生對他們印象的回饋。

　　一位聰明的校長告訴我，他請求職者描述他們在開學日的課堂是什麼樣子。我認為，這提供一個新奇且重要的視角，讓我們瞭解求職者的優先排序和教育理念，以及他們真正以兒童為中心和重視關係的程度。畢竟，「優先考慮」和「關係」是 PRIMED 六大設計原則中的兩項。

　　學校通常有一個小型的「遴選委員會」，由領導者和精選的一群教師所組成。策略之一是擴大該委員會範圍以獲取更多觀點，例如：家長、相關支援人員，甚至是學生。商界中有另一項策略，是讓那些最能深刻理解、擁護學校宗旨（使命、願景）的人組成該委員會，因為他們最有可能關注且衡量教師的特質，即哪些人有潛力成為極佳的榜樣和品格教育者。

　　另一種選才策略是自我甄選。有一些校長會寫下他們的教育理念，本質上就是一份優先排序宣言或崇高目標的聲明，描述他們正在努力培育及帶領什麼樣的學校。在一個案例中，是說明學校非常注重全人教育（whole-child education）和培育人類良善的興旺。另一個案例，則是關於一段艱難的人生旅程導向投身於為孩子和良善服務的自我表

露。這裡的基本原理,是讓求職者知道他們申請工作的地方是什麼樣子,而領導者對校內所有成人有什麼樣的期望。校長在請任何人來面試之前,將這些內容發信給了所有求職者。理想情況下,那些抱持不同意見的人可能就會選擇不申請。作為學校的領導者,闡明你的理念、願景以及目標是一個好主意,即便不是用於員工的甄選。不過,為什麼不加以使用呢?它甚至可以作為面試過程的環節之一。

記住前文的那一句格言:「人們因知識及技能被錄用,卻因為品格而被解僱。」或者更確切地說,因他們缺乏良好的品格而被解僱。許多事物能阻止篩選出不良品格的風險。其一是沒有萬無一失的篩選制度,其二是我們都並非完美之人,所以你僱用的每個人在很多方面都會有缺陷,在此的目標是盡量減少那些缺陷是毀滅性並且殘留在基本品格(特別是道德品格)的程度。

解決這項困境的一個方法,是第二個總體策略,即「形成」(formation),在學校以最大限度提倡積極正向的榜樣。在此,我們指的是以下兩件事:(1)針對孩子在學校環境中接觸的成人,他們品格方面的個人和專業發展,或(2)為這些成人創造動機和架構,讓他們進行自己的品格形成/改善的一項自我成長的專案。

無論是哪一種情況下,最理想的是學校已擁有既有或正

在發展成人品格成長的道德本質。此外，這種道德本質需要成為所有成人共同期許及支持的「存在方式」，而不僅僅適用於那些新員工。

　　意識到自我反省及品格成長的必要性絕對是先決條件，接著才有辦法投身於實踐。蘇格拉底曾表示：「未經反省的人生是不值得活的。」藉由校長的強烈關注，法蘭西斯豪威爾中學的教職員實現了這一項目標。而在聖路易斯市的福克斯高中（Fox High School），改變發生於基層。有三名教師參加一個向他們介紹了「清單」（The List）的工作坊。這份清單中，列有即使是好老師也會欺負學生的種種行為。有兩方面讓他們感到非常震驚。首先，校園霸凌往往被認定是學生對學生之間的現象，而不是成人的行為。第二，即使是那些優秀的教師們，也能在其中一些例子中看見自己的影子；他們意識到，自己不知不覺中就霸凌了學生。他們回到學校，把清單分享給那些一樣也嚇壞的教職員。這因此促成他們製作一個有勇氣、有影響力的影片，在影片中描述了一些霸凌的行為，並描述自己的不當行為及見解。你可以在YouTube 上找到影片（Fox High School The List）。在成人示範的議題上，我經常利用這影片來討論專業發展並進行教職員之間的討論。

　　湯姆・利科納和麥特・戴維森在他們的報告「品學

兼優標竿學校：成就卓越的品格教育」（Smart and Good High School）中描述了他們所謂的「專業道德學習社群」（Professional Ethical Learning Community，PELC）。學校的教職員需要成為某種形態的社群（專業的、道德的、學習的），並有支持這一點的所有作法和規範。這樣的基礎建立於理查・杜福爾（Richard DuFour）及其同事關於「專業學習社群」（Professional Learning Community，PLC）的出色研究。然而，專業學習社群專注於學術層面的指導，而利科納和戴維森則是將其擴展至道德品格的範疇。他們列下了「專業道德學習社群」的六項原則：

（1）發展共同的目的及認同。

（2）讓實踐與預期結果和相關研究保持一致。

（3）擁有發言權；表達立場。

（4）為持續的自我發展承擔個人的責任。

（5）將卓越和道德的集體責任付諸實行。

（6）解決棘手的議題——房間裡的大象[1]。

這些原則與本書中的許多訊息有密切關聯。所有原則一開始就先談到目的（優先考慮）。接著，它需要採用基於實證的實施策略，同時與這些優先事項保持一致。人們需要被賦能（PRIMED 的六大設計原則的第五項）。除了行政部門所主導的品格發展之外，每個人都需要讓它成為一個自我

成長的專案（PRIMED 的六大設計原則的第六項），但我們也需要支持彼此，成為一個品格社群。我們需要有勇氣去解決棘手的議題，例如：當我們的「品格皇冠」（Character crowns）正滑落時，能勇敢地承認。

如果教職員要變得勇敢並致力於個人進步，那麼學校的領導階層就必須要樹立榜樣。換句話說，要讓教職員示範品格，他們需要有意識地「成為」品格，其中包括個人成長。如果要做到這一點，那麼領導者就需要樹立開放、謙遜及個人成長的榜樣。在北卡羅來納州的格林斯伯勒蒙特梭利學校（Greensboro Montessori School），校長凱文・納瓦羅確立了他所謂的「脆弱型領導者」（the Vulnerable Leader），它是互聯型領導者（The Connected Leader）模型的一部分，在領導者的章節已對此進行討論。脆弱型領導者具有三個主要特質：謙遜、開放性及真實性。一個脆弱型領導者將成為全體員工自我成長的典範。

另一種形成方式是專業發展。身為一所國家品格學校的第一特許學校（聖路易斯市）校長茱莉・佛魯格，他將自己論文的重點放在專業成長領導者的各種特質。這些領導者投入三種元素：（1）建構學習能力；（2）賦能予教師；（3）

1　the elephants in the living room，隱喻雖然很明顯、龐大卻又被集體視而不見、不做討論的棘手問題。

培育積極正向的成人文化。在學校中，為了支持學校新進教師的專業發展，他創建了一個創新且全面性的三年計畫，該計畫在領導者的章節中已有說明。

目標設定是自我發展的要素。在本書第七篇，PRIMED六大設計原則中的最後一項原則「發展式教學法」中，我們將從學生自我發展的角度來說明這個要素。不過，對於學校社群中的成人來說，目標設定往往包含在教師／教職員的評核流程裡。然而，評核重點通常放在教學法上，除非有行為問題出現，例如無效的行為管理、遲到，或是記錄不佳。有一個好方法，是要求每一位教職員設定當年的個人品格目標。與任何的目標設定一樣，這些目標應該是切題的與務實的，學校需要提供鷹架和監督來支持教育者的成長歷程。這種鷹架可以包含一些結構，例如：策略規劃表、定期的跟進或報告以及如小型教職員團體或問責合作夥伴等形態的社會性支援。

梅爾‧施瓦滋（Merle Schwartz）在為數不多對於品格教育者的示範研究中，辨識了一份作為學生品格榜樣教師的七個特質：

（1）對他人展現出道德的關切。

（2）出於對他人發展的承諾而採取行動。

（3）藉由言行一致來表現誠信。

（4）展現寬容（對自己和他人）。

（5）表現自我反省及推理能力。

（6）服務他人時的自制力。

（7）同理心及觀點取替。

　　他還發現，在這些特徵上得到學生最高評價的高中教師，也展現出轉換型領導（transformational leadership）特徵和情緒能力。事實上，這為我們學校樹立榜樣的「選才」和「形成」提供了配方。

　　既然我們已經聚焦於學校社群中人們的榜樣示範，讓我們轉向研究榜樣的討論。然而，在我們這樣做之前，要注意一件重要的事，就是學校中的角色榜樣不只有成人。其他學生也是榜樣。高年級學生一直是低年級學生的榜樣。許多學校會向學生明確表明這件事；也就是說，他們必須展現出良好的品格，因為年幼的孩子在看著他們，他們就是榜樣。在這些學校中，經常聽到學生們自發地談論自己作為年幼孩子榜樣所帶來的影響。最後，學生榜樣的年齡並不總是單向的。在聖路易斯市的巴雷特小學（Barretts Elementary School），某個四年級班級的學生們要求自己一年級的「學伴」教導他們如何成為領導者。你看，這位一年級教師在他

的班級中將領導力列為課程的優先事項，因為與一年級班級建立學伴關係，四年級的學生也意識到了這一點，並把自己的小夥伴當作老師、領導專家及榜樣。

⋘ 榜樣學習

在很多層面上，學校都已相當重視榜樣學習（studying role models）。他們在我們的社會學科中占有一席之地。多數文學作品中的人物都是潛在榜樣。在人文藝術中，我們研究藝術和音樂創作者的品格，以及藝術或音樂中描繪的那些人物。在體育教育中，我們認識了那些「體育明星」，不時關注他們的品格，並努力研究如何示範良好的運動精神，無論是從那些做到了的人身上，或是那些做不到的人身上。

在此，我們將簡單地介紹一些其他榜樣學習方法，可以補強你們已經在做的事。其中一種是採用旨在著重榜樣學習的課程。當中做得最好的也許是長頸鹿英雄計畫（The Giraffe Heroes Project）。這是安・梅德洛克（Ann Medlock）和約翰・格雷厄姆（John Graham）兩人的心血結晶。這計畫涵蓋了從幼兒教育到高中的各種教材，並著重三個基礎的階段。第一，學生要研究角色榜樣。在這個例子，他們要研究一套範圍廣泛卻獨特的榜樣⋯⋯長頸鹿。長頸鹿的比喻，是要強調那些冒著風險為他人服務的人們⋯⋯

像長頸鹿一樣「伸出脖子」。長久以來，安和約翰一直在徵求並審查來自世界各地的長頸鹿提名，如今，網站上已有超過一千三百多位長頸鹿英雄（www.giraffe.org.），其中包含了一些知名人士，也有相對較不為人知的人們，兒童和成人都有。一旦他們加以研究之後，他們就能在自己的團體中察覺誰是長頸鹿英雄，就是在他們的生活中曾做出英勇的利他行為（例如：為了社會正義而入獄，在火災或洪水之中拯救他人生命）的人們。最終，學生會被鼓勵透過投入對人們的服務來成為一位長頸鹿。最好的一則消息是安和約翰即將退休，整個線上課程的內容都免費提供。

關於榜樣的相關課程，第二個例子是品格發展和領導力（Character Development and Leadership），由喬・霍德爾（Joe Hoedel）所創建，最初是在他自己的高中班級裡開始進行。該項課程現在也有適用於中學的版本（www.characterandleadership.com）。它著重十八項品格優勢，每一項品格優勢都有相應的課程。每一項優勢有一位體現該項特徵的角色榜樣。研究顯示，該課程在減少反社會行為、增加利社會行為及態度方面相當有成效。

對於圖書館員／媒體專家來說，識別榜樣是一個絕佳的專案計畫。學校可以借重他們在識別和書籍編目，以及其他描繪榜樣的媒體。如果學校有一組明確的品格價值／目標／

美德／優勢，則可以藉由媒體報導的特定案例來作為識別。然後，課堂教師或相關課程專家可以與媒體專家合作，為特定的受眾或課程領域識別適當的書籍及其他媒體。

在發展式教學法部分，我們將以更詳細的細節來描述啟發／渴望（Inspire/Aspire）如何作為學生的自我成長架構。其中一部分是識別一個榜樣，作為自我選擇的成長目標（例如正直或尊重），並寫一篇關於該對象的文章。這種作法是一種激發和具體化個人品格發展目標的方法。成人也可以這樣做。在美國空軍學院，每一個班級在就讀的四年期間都會為整體大約一千名學員選擇一個榜樣。

◁ 結論

品格教育從根本上來說，是關於存在、與他人以及與周遭人相處時的狀態。因此，學生在與學校群體其他成員的日常互動中，以及藉由研究他人生活所接觸到的榜樣，對於他們的品格探索相當重要。這就是「示範」作為 PRIMED 六大設計原則之一的原因。想要在學生身上有效地培育人類良善的興旺，學校將不得不解決學校群體中經常具有挑戰性的「存在方式」的問題，尤其是成人自己。回到愛默生的挑戰，以及我們改述甘地所說的話，我們需要成為我們希望在學生身上看到的品格，既然沒有自由啟動的哈利波特隱形斗篷，

那就意味著要一直維持著這種狀態。作為一所學校,在這方面具有策略性、刻意性及有效性是你唯一可行的選項。

◁ 「示範」相關參考資料

書籍

1. 《運作中的專業學習社群:提高學生成績的最佳實踐》（*Professional Learning Communities at Work: Best Practices for Enhancing Student Achievement.*，中文書名暫譯）DuFour, R., & Eaker, R. (1998). Bloomington, IN: Solution Tree.

2. 《角色榜樣:性格和領導力的案例》（*Role Models: Examples of Character and Leadership.*，中文書名暫譯）Hoedel, J.M. (2005). Greensboro, NC: Character Development Group.

3. 《品學兼優標竿學校:成就卓越的品格教育》（*Smart and Good High Schools: Integrating Excellence and Ethics for Success in School, Work and Beyond.*）Lickona, T., & Davidson, M. (2007). Washington, DC: Character Education Partnership. (for PDF: http://www2.cortland.edu/centers/character/high-schools/)

4. 《美國的道德教育:從殖民時代到現代之學校和品格形塑》（*Moral Education in America: Schools and the Shaping of Character from Colonial Times to the Present.*，中文書名暫譯）

McClellan, B.E. (1999). New York: Teachers College Press.

5. 《教學的勇氣》（*The Courage to Teach: Exploring the Inner Landscape of a Teacher's Life.*）Palmer, P. (2017). New York: Wiley.

6. 《品格教育研究雜誌》（*Journal of Research in Character Education*，中文書名暫譯）Schwartz, M.J. (2007). The modeling of moral character for teachers: Behaviors,characteristics, and dispositions that may be taught., 5(1), 1–28.

7. 《學生們都在看著你：學校與道德契約》（*The Students Are Watching: Schools and the Moral Contract.*，中文書名暫譯）Sizer, T., & Sizer, N.F. (2000). Boston: Beacon Press.

網站

1. Character Leadership—www.characterleadership.com

2. "The List"—Fox High School—www.youtube.com/watch?v=b6MSE5voYkU

3. The Giraffe Project—www.giraffe.org

⤴ PRIMED 六大設計原則的行動計畫工作表：

示範策略

「示範」：以符合並體現學校／學區品格目標的方式行事。這對學校的成人來說尤其重要，但也適用於所有為學生示範榜樣的人（例如：年長的學生）。

基於實證的實施策略：

角色示範／良師益友

研究他人作為角色榜樣／典範

第一步：

請辨識並寫下至少兩個你的學校／學區已實施的示範策略。你可以採用上述項目或其他你已採取且認為會增進潛在榜樣體現品格的程度，特別是針對學校或學區已明確的品格願景。

1. _____

2. _____

3. _____

4. _____

第二步：

　　請辨識並寫下至少還有兩項你所能進行以增進你學校／學區品格示範的策略。同樣地，你可以從上述項目進行選擇，也可以列出其他任何你認為有助於你實施並增強品格示範的目的。

1. _____

2. _____

3. _____

4. _____

品格教育

第六篇

Primed 的
六大設計原則之五

賦能學生與成人
（Empowerment）

第十九章

賦能的意義以及對品格教育至關重要的原因

當我們說「賦能」（Empowerment），指的是什麼？有一個很好的隱喻是「聲音」，同時指字面上以及形像上的聲音。字面上的「聲音」意思就是說話，但它涉及聆聽他人的聲音。傾聽他們並在乎他人的聲音、他們的觀點、見解、意見、知識、需求和願望、推論等。想要做到這點，我們需要在他人分享時做的不僅僅是傾聽，更是關注他們並深入地聆聽。這意味著即使你不同意，也要尊重他們的觀點。我們可以清楚地看到，美國以及其他許多國家的政治分裂是如何產生的，導致跨越隔閡的傾聽不足。

這要求有點多，但字面上的聲音不只是這樣。它還涉及創造讓聲音浮上檯面及被聽見的條件，這應該從真正想要聽到他人的聲音開始，讓這件事不僅成為可能，而且可能性還很大。這包括為聲音創造條件和空間。在關於賦能的最後一個章節中，我們將看到學校如何藉由多種方式做到這一點。

品格教育

舉出的例子包括定期的班級會議、真正的學生自治會，以及改革教職員會議並使其更具有對話性。字面上的聲音也意味著真實邀請他人的聲音加入，特別是那些沉默寡言或不願分享內心世界的人，這背後原因可能是因為他們不相信任何人真正關心他們，或者認定敞開心扉或插話都太冒險了。又或者，可能是由於個人的性格、小團體的互動狀態或諸多其他原因使得談論重要事的可能性降低。

形象上的聲音更關乎權力，但不是指字面上的聲音本身沒有潛在的力量，而是權力來自許多地方、有許多的方式。我們時常要求教育工作者完成學校教職員的調查問卷，其中包括一些關於權力的問題。例如：「這個地方是誰在進行決策？」，又或是「你對關鍵性的決定有發言權嗎？」以及「你對這裡進行決策的方式有何看法？」之類的問題。當然，答案大不相同。一些學校的權力和決策權似乎是由上而下的模式，而且一般來說教職員不喜歡這樣；當然，也有例外的情況。在布倫特伍德中學（Brentwood Middle School，最終成為一所國家品格學校），當茱莉·斯佩里（Julie Sperry）擔任校長時，這群有凝聚力的教職員們堅決抵制共同決策。斯佩里試圖賦予他們更多權力、變得更加民主，但他們不要這些。他們更喜歡他直接告訴大家該怎麼做。這間學校的突破，來自於校長策略性地與每位教職員建立更密切的關係，

並學習成為一位僕人領導者，為每一位教職員的成長服務。到了如此的程度，他們才願意共同分享學校的所有權和領導權，這是在品格教育上達成卓越成就的途徑。

　　有一些學校已經施行更大範圍的權力分配。決策進行的方式，至少部分是基於針對關係人的調查問卷、教職員的公開討論、以及授予其他教職員權力以掌控特定決策或學校其他方面的事物。更罕見的是完全民主的學校，他們會集體做出決策。1970 年代時，我與由勞倫斯・柯爾伯教授領導的優秀學者團隊一起進行哈佛教育研究所的正義社群學校（Just Community Schools），我們試著在波士頓地區的高中推動激進民主社群的作法，接著在紐約。這從來都不是一件容易的事，但它有強大的效力。我推薦克拉克・鮑爾（Clark Power）、安・希金斯（Ann Higgins）和勞倫斯・柯爾伯格合著的《勞倫斯・柯爾伯格的道德教育方法》（*Lawrence Kohlberg's Approach to Moral Education*，中文書名暫譯）的書籍，它詳細描述了賦能和品格創新的歷程。

　　關於權力的分享，這其中有許多的挑戰。很久以前，耶魯大學的經濟系試圖施行全面民主化，結果發現這作法完全沒有效率。其中有太多瑣碎的決定，例如：購買辦公用具占用了團隊太多時間。最好的作法是由一位學校管理者迅速地處理。賦能需要執行得恰如其分。

儘管到目前為止我的例子都是關於學校教育工作者，當人們考慮到我實際上是在倡導給學校社群所有關係人賦能，其中包括兒童和支援人員，這一點就變得更加清楚。對於孩子來說，有幾點需要考量的重要因素。第一，他們也需要被賦能。第二，關於賦能兒童存在著明顯的偏見。這些偏見都是基於錯誤的信念，即他們沒有能力、太不成熟、太不負責，如果學生獲得掌控權，混亂就會接踵而來。有一個概念稱為成人主義（adultism），本質上是對兒童的偏見。成人偏見的核心是將兒童視為無能力、依賴的人——往往是基於愛的真實感覺——卻會導致人們以一種居高臨下的、削弱自信心的、甚至是不屑一顧的方式來看待並與兒童互動。孩子們可以做的，往往比我們想像中還要多上許多。對於以下這樣的真實狀況，總讓我驚嘆不已，即當我提倡給予學生更多的權力、發言權，例如在課堂上或學校的課外相關活動，一些高中學校告訴我，「我們能力最強大的十一年級和十二年級學生或許做得到，但我們的九年級學生太不成熟了。」而中學學校會告訴我，「好吧，我們優秀的那些八年級學生可能做得到，但我們的六年級學生太不懂事了。」而一些小學則告訴我，「我們五年級的學生可以做到，也許我們最強的四年級學生也做得到，但我們那些低年級的學生做不到。」

　　希望你看到這裡的問題所在。為什麼小學五年級的學生

能被信任地擁有自己的聲音和力量，但隔年上了中學時，他們作為六年級學生卻不能呢？八年級及九年級學生面臨的狀況也一樣。實際上，他們全都可以做到。小學校長鄧尼斯・福特斯頓（Denise Funston）和蒂娜・巴斯勒（Tina Basler）（分別帶領溫莎小學〔Windsor Elementary〕和普拉丁小學〔Plattin Primary〕）同時賦能於小學中所有五至八歲孩子，並對二年級學生（七至八歲）則賦予更多責任。人們傾向於提升自我以符合對方期望，並投入於期望之中。請將這些期望設立得更高並提供支持。

第三，基於兒童發展上的益處，賦能有許多充分的理由。我們將在下一章中檢視這些內容。

第四，尊重和責任是學校重要清單中最常見的兩項價值，而傾聽是展現對他人尊重的主要方式。此外，讓他們真實地發聲，就等同建立責任。正如湯姆・利科納所說，尊重是一條雙向道路。培養尊重的一部分是給予尊重。

足以定義賦能的幾個要素是：

- 相信他人的能力和價值，徵求並傾聽他人的想法
- 促進和鼓勵他人真實地參與或控制決策
- 對他人的意見抱持開放的態度
- 樂於改變和創新

- 認可他人的貢獻
- 與他人共享領導

　　如果這不能讓你相信賦能對品格教育的重要性，那麼我們來看看賦能為何如此重要、令人信服的四個理由，並且應該成為六大設計原則之一。

　　（1）賦能是一種基本的心理需求。自我決定論的主張是，自主權（擁有發言權）是人類的基本需求。自我決定論的兩位創辦者德西和萊恩特別關注學校教育，指出「支持自主」（autonomy-supportive）的學校和班級對於學生學習和心理發展有顯著正面影響。有一個特別有趣的發現，來自澳洲、英國、伊朗及芬蘭的一組研究人員的研究（由尼科斯・查齊薩蘭蒂斯〔Nikos Chatzisarantis〕所主導，並於 2019 年發表在《當代教育心理學》上）。這些學者表示，提供學生平等的自主權，可以導向人類興旺和學業成就的最佳結果。換句話說，滿足所有學生對賦能的基本需求，是達成教育的兩個主要目標——即學習和發展——的最佳方法。在更深的意義上，它滿足了人類被瞭解和被關心的基本需求。正如大衛・奧格斯柏格在他的書《足夠關懷到傾聽和被傾聽》（*Caring Enough to Hear and Be Heard*，中文書名暫譯）中所說：「被傾聽是如此地接近被愛，以至於對一般人來說，

它們幾乎難以區分。」

（2）**賦能是一種責任**。哲學家康德，以及較為當代的約翰・羅爾斯（John Rawls）等人認為，倫理的核心原則是尊重人格（Personhood）。決定如何道德行事的最核心準則是，一個人的行為是否符合對於所有相關人員的尊重。正如同我想提醒各位教育工作者的，「孩子也是人。」他們可能還幼小，也還在發展當中，但每個小孩都同樣是人。因此，其實同時合乎倫理準則，他們也應該得到尊重，如同所有人一樣。賦能是一種尊重他人的方式。這就是成人主義的失誤之處。

（3）**賦能是民主蓬勃發展的必要條件**。要讓民主如哲學家約翰・杜威所說的「一種聯合生活的模式」（a mode of associated living）那般發揮最大的效力，就需要那些不僅有意願，並且也有能力好好共同生活的人。正如約翰・杜威和沃爾特・派克所言，這樣的人不會長在樹上，也不會憑空出現，你也不能在網路上訂購。無論是民主公民或是道德之人，兩者我們都需要，也都需要培養。這就是品格教育派上用場的時候。派克還藉由「白癡」（idiot）這個字詞提供了一個重要的見解。這是起源於古希臘時期的一個貶義詞，指的是基於自身利益行事的人，而不是關心公眾利益的公民。當我們看著當今世界各地掙扎奮鬥中的民主國家時，我們可

品格教育

以看到在這個意義上，「白痴」般選民投票的增長趨勢。賦能於品格教育，是對這種自私傾向的潛在抗衡。容我再度提及我對長期人類道德進步的信念，並引用馬丁・路德・金恩（Martin Luther King）牧師的話：「人類歷史的弧線緩慢地向正義彎曲，只因為人類越來越有道德。」

（4）**賦能的教育就是好的教育**。佩德羅・諾格拉（Pedro Noguera）認為，至少在美國，許多學校更擅長為學生預備牢獄的生活，而不是健康世界的生活。與民主社會相比，學校與監獄的共同處往往更多。一般而言，他們更傾向是削弱、貶低、懲罰和控制的地方，在那裡聲音是被壓制的。學校需要瞭解的是，對於學生的學習和發展而言，這種環境明顯地不理想。當我們提到了「良好的品格教育就是良好的教育」這句格言時，我們指出，有大量數據顯示品格教育和社會情緒學習會帶來更好的學業成績。人們時常想知道原因是什麼，有很大一部分的原因是，這樣的學校傾向尊重學生，並提供空間和機會，讓他們的聲音以各種不同的方式發揮作用。這些學校對老師、家長以及其他關係人賦能。在這樣的學校，學生想要待在這個環境，感覺自己是社群中富有價值的一位成員，因此會更加努力並表現得更好。

第二十章

賦能的實施策略

在我們對《品格教育的有效作法》（*What Works in Character Education*）的檢視中，針對賦能，我們確立了四種主要的基於實證的實施策略：

（1）共享領導

（2）民主教室

（3）賦能／合作的文化

（4）公平且尊重地對待學生

我們將檢視並詳細說明每種策略的具體實現方法。在我們開始之前，重要的是回顧一下 PRIMED 六大設計原則的相互重疊的部分。為了讓賦能以最佳、最有成效的方式運行，就需要（1）包含學校社群中的所有關係人；（2）建基於健康的關係網絡；（3）成為學校在理念及方法中真實的一項優先事項；（4）以學校領導者為示範的榜樣，特別是校長。當然，即使學校不這麼做，教師們在班級中也可以賦能。學校的其他次級單位，例如：年級、行政處室或中學的領域小

組也可以這樣做。理想情況下，如同品格教育組織的「學校的十一項原則框架」第三項原則針對品格教育的整體要求，應該是「全面的、刻意的、主動的」，並且應該「貫穿學校生活的所有時間」。

共享領導

針對任何領域的賦能或賦能教學法來說，共享領導的角色、職責及權力都是其核心。共享領導貫穿「學校的十一項原則框架」，在將近一半的原則中這是一個明確的概念。第五項原則鼓勵藉由參與「道德行動」，讓學生成為校內、校外的道德人，這樣的想法呼應了第七項原則「培養學生的內在動機」（這也同樣與 PRIMED 的六大設計原則中的「I」有關係）。第八項原則建議與「學習／道德社群」中的教職員共同承擔品格的責任。第九項原則，則將重點放在行政部門、具包容性的品格教育領導委員會、特別是在學生之間的「共享道德領導」。第十則原則是鼓勵學校讓「家庭及社區成員」成為「合作夥伴」。

正如「示範」這個篇章所討論的，共享領導的旅程從學校領導者開始，從「照鏡子」開始。領導者需要檢視自己及他們的領導風格，以瞭解他們示範賦能的程度。當我們的品格教育領導學院的學員調查他們學校裡教職員的成人文化

時，經常的回報是，教職員會抱怨所有重要的決策都是由學校及／或學區領導者所決定。另一項抱怨則是，他們被徵求了意見，但他們不相信建議會被採納；例如：該決策在教職員被徵詢和提出建議之前就決定了。這其中有些實際上暴露了佯裝的賦能，但有些是因為溝通不良所導致。也就是說，教職員（和其他人）調查的結果可能實際上引致改變，但那些被調查者並沒有意識到他們的參與和實際的改變之間的關聯。透明度至關重要。

領導者可以藉由多種方式來進行自我檢視。第一，他們可以簡單地做一個內部具反思性的列表，針對他們想要授權和實際授權他人的程度，以及誰被遺漏了來進行調查。事實上，我們在領導的章節中所介紹的僕人式領導模式，尤其是賦權，也是梅琳達・比爾的 CViL（Cultivating Virtues in Leaders，培養領導者的美德）僕人式領導模型的八項美德之一。在我們的 CEEL 計畫中，我們藉由自我評估來指引這些領導者，然後針對每項美德（包括賦權）制定個人／專業的發展策略規畫。

第二，正如我們的領導學院中所要求的，領導者可以詢問他人他們真正對於關係人賦能的程度。這需要勇氣，一種屬於僕人式領導者的美德。如果你有更多的勇氣，我建議你與教職員分享列表上調查的結果，當然調查必須是匿名的，

然後在專業學習社群（Professional Learning Community）的形式下，使用這些數據進行學校的改善討論。

第三，你可以聘請一位領導的教練，協助你理解並培養自己對他人的賦能。如果你找到一位瞭解賦能領導的好教練，那麼就有可能獲得在自我分析中所錯過的見解。只要教練理解並重視這一種賦能的領導風格，這樣的一位好教練在這方面就往往很有幫助。

第四，你可以利用科學的領導風格評估工具來識別自己的一些傾向。在我們的領導力發展計畫中，最近一直採用僕人式領導的評量表。你也可以利用其他相關概念的領導列表，例如：轉換型領導（Transformational Leadership）或互聯型領導（Connected Leadership）。

一旦掌握了自己實際投入賦能領導的程度，你就可以開始更深入地培養該項能力，方法是在原本的方式上更加系統化、擴大對他人賦能的範圍，包括賦能的領域、賦能的程度以及賦能的對象。

賦能的領域

你是否在某些領域賦能，例如：提供內部的專業發展或紀律／行為管理？而在某些領域沒有賦能，例如：編列預算、招聘人才，或是製作要提交給學區主管機關的學校報告？在

某些情況下，這麼做可能是完全合適的，甚至是強制性的，但在一些情況下，賦能只是成為從未反思過的一些例行公事。在其他的情況下，賦能也可能不過是「卸下」繁重的任務，例如管教或應付不願合作的家長。重要的是，你要知道為什麼你在某些地方賦能，而不是在其他地方。一旦被認定你不信任教職員去做一些他們有能力輕鬆完成的事情，或者不聽取他們在該領域的觀點和建議，就會嚴重削弱教職員的信任。而這無論是在學術上或發展上的層面，都會嚴重地腐化學校的卓越表現。這正是我們之前討論的員工文化問題。此外，對於那些想成為聖路易斯市第一特許學校校長茉莉·佛魯格所說的「專業成長領導者」，並在教職員之中培養未來學校領導者的人來說，分享更具挑戰性的領導層面，可以為往後新興領導人提供優質的指導和專業實踐。

✂ 賦能的程度

當你在考量賦能時，同時考量授權（delegation）的概念相當重要，並且要分清真實授權和不真實授權。真實授權是賦予他人責任，因為你相信他們通常可以妥善地處理，因為你認為他們及其他人會因為額外的責任而受益。作為領導者，當他們需要你的支援時，你會給予他們支持。如果需要的是資金或員工時間，你會想辦法提供支援。當工作人員消

品格教育

極抗拒時，你會挺身而出，展現聲援，並表示這項授權得到你的支持。不真實授權往往是將你不想做的、認為相對不重要的、甚至是有爭議性並充滿危險的任務轉手出去。然後，當你授權的人需要你的支援時，你不會站出來。也許，你真正的優先事項勝過這些需求，或者你不想和這些有爭議的問題扯上關係。在一個郊區的大型學區，當品格教育首次受到關注時，這工作往往會被分配給學校的輔導員，有時還會分配給了副校長，因為沒有人認為這任務重要到需要分派給校長。

在多數的情況下，這任務會失敗，至少在廣泛性及全校性的範圍來說是如此，並且被委派的這些教職員也會因為努力要讓其他人加入而感到筋疲力盡。真實授權，就是賦能和支持品格教育。不真實授權不僅對學校的成人文化有害、塑造出拙劣的領導力，並且在根本上破壞了有效的品格教育及整體的教育。當學校將不同的群體納入品格教育時，他們只是指派品格相關的義務和任務給一些關係人，特別是那些非專業教育者的群體。與其分派辦公室人員或廚房人員品格教育的責任，不如考慮更深入地賦予他們能力，邀請他們思考在各自的專業領域中可以支持品格教育及學校品格教育行動的方式。

⤳ 賦能的對象

　　理想上，對於學校關係人應包含哪些人有一個開闊的概念，並且盡可能納入所有群體及群體中越多的成員越好，對於學校改善和品格教育來說是強大的策略。最顯而易見的群體是學校領導團隊、學校內有合格認證（專業）的教育工作者。但是，它也包括學生及其家長／監護人。通常，在賦能和其他策略中會被忽視的常見群體是（1）支援人員（如事務人員、工友、校車司機，及供餐人員等）；（2）家長；（3）對你實施品格教育的影響有既得利益的當地社區成員（例如：當地執法部門、住宅區鄰居、當地企業主、當地政府等）。很多時候，這些群體不是少數或全部被排除在外、代表性不足，就是以階級劃分的方式被分配任務。這情況時常發生，因為我們沒有考量到他們，或者是因為我們不願意與他們共享權力。例如：檢視一下你的品格教育團隊，問問自己這些群體中有哪些群體欠缺代表。我強烈建議每組群體至少有兩位代表，這樣他們可以相互支持。另一個問題是誰代表這些群體。通常我們會選擇離群值。我們選擇我們的「超級明星」學生或是在家長團體組織任職的家長。或者，我們挑選與學校有兩層或更多連結關係的成員——例如：在學校有兩個孩子的祕書，或是與老師結婚並有一位孩子在學

校讀書的地方官員。這作法很不錯，但就稀釋了他們代表較遠端群體的代表性。盡量賦予每個群體更多機會和更多樣化的賦能。學生領袖就是一個很好的例子。很多時候，我們一遍又一遍地給予同一位明星學生領導角色和機會，而不是給真正需要領導經驗的學生。

共享領導的一個特定層面，是檢視與領導相關的學校結構，例如學校委員會。委員會的用途和本質有極大的差異，因此很難一概而論。我想說明關於委員會的兩個思考原則。首先是中心性（centrality），另一個則是包容性（inclusivity）。如果品格教育真的要成為優先事項，那麼負責領導學校品格教育計畫的委員會，就應該是引領學校的最高委員會。許多學校都有某種形式的領導委員會，以及一個規模「較小」的品格教育委員會。有些學校同時擁有這兩個委員會以及其他相關的委員會，例如學校風氣委員會。這往往會分散且淡化品格教育的優先順序。

最佳的選擇，就是擁有一個明確將重心放在品格、學校風氣及學校改善的領導委員會。如果品格教育確實是學校整體進步的祕訣，那麼作為主導的學校委員會應該負責並專注於品格教育。請記住，委員會也可以成立有進一步具體焦點的次級小組委員會。

幾年前，我碰到了一個有意思的賦能失敗案例，有一所

當地學校請我參與它們的專業發展培訓日，負責關於品格教育的分場研討。和我共處一室的是十幾位來自同一所中學的教育工作者。而學校管理人員顯然在其中漫無目的地閒晃，對各場會議和研討進行「隨機抽樣」。當其中一位管理人員也在場時，我問在場的參與者：「如果你能從這所學校減去一件錯過也沒差的事物，並且還會確實改善學校，那會是什麼？」令人驚訝的是，他們有強烈的共識，都圍繞著他們的委員會架構。顯然地，所有教職員每星期都必須在特定的一天，在放學後參與委員會。他們認為這些會議中大多部分的時間都被浪費了，如果不必被強迫參與毫無效率的會議，就能更有效地利用這些時間。他們的領導者聽到了這一切卻沒有回應，只是起身離開，看來是想對其他分場研討進行「抽樣」。顯然地，這個想法在學校裡從未得到解決，特別是透過這位領導者。這不僅是領導上的失敗，也是對委員會架構的濫用。

委員會的包容性，再次重述了我們剛剛討論的關於賦能所有人的內容，並確保所有群體都有代表。如果一所學校規模較小，委員會就有可能是所有教職員。瑞吉伍德中學根本從未設立品格教育委員會，儘管他們將品格教育視為一條從失敗走向卓越的道路，並全面地投入其中。反過來說，品格教育委員會就應該是全體的教職員，因為它對整個學校而言

極其重要。許多學校規模都大多了，因此使用代議式民主就是一個好主意。讓每一個隸屬的小組（教師、支援人員、學生，及家長等）選擇他們自己的代表來參與委員會，並打造一個結構化的方式與自己的選區進行溝通。他們既可以在隸屬小組會議上報告，也可以針對隸屬小組的成員進行投票，以在委員會會議上說明其選區的想法。

✁ 民主的班級

　　學校總是傾向於成為慈愛的獨裁政權。也就是說，出於對孩子的真正關心，學校裡的成人們照顧孩子，而不給他們發言權、自主權或決定校內發生事物的權力，尤其是對他們有影響的事。他們會依據孩子的最大利益來做出選擇，但在此的關鍵字是「他們來做選擇」。這情況在班級也是如此。我們需要一些策略在班級中給予學生賦能，其核心是讓班級更為民主，有許多的方法可以做到這件事。

　　要做到這件事，我最喜歡的教學法，是利用班級會議作為常規的班級活動。班級會議，是班級社群圍坐成一圈的時間，就各種主題、各種目的來進行平等式的討論。關於如何操作，有一本名為《我們期望我們的班級是什麼樣子》（*Ways We Want Our Class to Be*，中文書名暫譯）的小書冊中有完美的描述，由發展研究中心（現更名為協作課堂中心）所

出版。它展現了班級會議的技巧及各種型態的班級會議——例如：解決問題的會議、簽到會議（check-in meetings），以及決策會議。事實上，在我們中心的網站上有一個資料寶庫，配有這本書中實際說明的各種班級會議（https://characterandcitizenship.org/video-gallery）。尚有其他的相關計畫也強調班級會議的重要性並提供資源；例如：回應式班級（Responsive Classroom）有一個絕佳的班級會議模型，他們稱之為「晨會」（Morning Meeting），還有一本指引書籍，即羅克珊・克里特（Roxann Kriete）的著作《晨會之書》（Morning Meeting Book，中文書名暫譯）。

　　班級會議的一個重要分支，是賦能給學生自己制定班級規範。我們往往更傾向於照料自己的「東西」，勝於別人的「東西」。讓孩子們制定規則，他們更有可能關注並遵守這些規則。我鼓勵所有教師們，在學年的一開始利用班級會議來反思「希望大家如何對待彼此、如何表現行為」，並制定一套關於人們應該做什麼的指南或規則，而不是他們不應該做什麼。接著，確保這些規則被熟知、張貼公布，及定期重新審視，通常是在後續的班級會議中。想要親眼看到其實際效果，請造訪我們中心的網站，觀看上一段文字中列出的兩個影片「September」（9月）和「Teasing」（取笑戲弄）。「September」影片展現了用三天時間制定規範的過程，而

「Teasing」的影片展現該班級的學生們於年中簽到會議檢視這些規範的運作情況，因此引致一個解決問題的會議。

　　另一種讓班級民主化的方法，是採用更加由學生主導的結構。由學生主導的親師會議是賦能學生的好方法。由學生主導的專題式學習（project-based learning）——特別是服務學習——是讓學生在個人學習中發揮主導作用的其他方法。簡單地打造一個讓學生做出集體及個人決定的教室，在這裡學生們接受訓練並被賦能來解決問題，藉由讓學生的興趣來引領課程以增加學習相關性，這些都是讓班級民主化的好方法。由於已在其他篇章討論行為管理及紀律，所以在此不會加以討論，但它顯然是另一個在班級裡、外賦能的範疇。

⋘ 賦能及協作的文化

　　由於品格教育是一種「存在的方式」，因此也需要以這種方式考慮賦能。一般而言，學校是一個賦能的地方嗎？是否存在著一種真實且普及的協作文化，可以跨越所有部門及學校社群成員？我們是否頻繁地、有意義地進行合作？當學校社群的成員們自發表達對於一項計畫或議題的興趣時，我們是否歡迎他們共同合作或加入，無論他們在學校中的「地位」，及和該議題的關聯性？這些都是要好好問自己的好問題。更重要的是，由於我們談論的是協作和賦能，所以這些

都是可以與學校社群的所有關係人針對不同層面進行討論的好問題，瞭解大家是否時常覺得自己的意見備受重視。

組織文化的起點就是領導者。領導者的親身示範對於文化的建立大有影響。正如班級的領導者對於全班的成員是如此，而全校的領導者對於全校的成員也是如此。所以說，領導者如何示範賦能？有一種很好的方式是藉由教職員會議。可悲的是，太多數的教職員會議相當無聊，對建立賦能及協作的成人文化適得其反，甚至還示範不良的教學法。此外，他們示範了階級制度下的威權式領導及停滯不前、說教式的教學法。多年前，伊利諾伊州的貝爾維爾的亞伯林肯小學（Abe Lincoln Elementary School）邀請我前去，為教職員提供專業發展培訓課程。大約兩、三個星期後，我接到了校長芮妮・古德曼（Renee Goodman）的電話，他告訴我，當他前去為後來的教職員會議布置場地時，他發現有一群老師特地在他之前抵達，將場地的座位擺設成班級會議圍圈的方式。作為一個賦能的領導者，芮妮聽從大家的引領。他打電話告訴我這件事，特別告訴我，這是他們有史以來最好的一場教師會議。沒有人想結束這場會議，他與他的督學麥特・克洛斯特曼（Matt Klosterman）的會面還因此遲到了。麥特完全明白，這不僅指出這是一所國家品格學校，而且該學區是一個國家品格學區。這整個教職團隊延續了這種賦能且成

功的「存在」方式。

我認為，教師會議應該始終以類似班級會議的形式進行，大家坐下圍成一圈，或許每一次都要討論同樣的一個問題……「我們該怎麼做，才能讓這裡成為每個人都覺得更好的地方？」

另一個創造協作和賦能文化的簡單策略，是有系統地從給予答案轉變為提出問題。一個非常簡單的技巧是，當有人問你一個問題時，與其立即回答，反倒是要問：「你為什麼認為……？」或「你怎麼看……？」例如如果一位沮喪的同事問校長：「我們該怎麼做才能讓人們不再那麼消極？」你就問他們：「你認為，我們該怎麼做才能讓人們不再那麼消極？」或者，如果有一個學生問你：「我應該把圖片和圖表放在我的報告中嗎？」你就問他們：「你認為你應該把這些東西放在報告中嗎？」這很簡單，但是它轉變了學校「存在的方式」。此外，它不僅尊重也引發他人發出聲音。

我們試圖讓我們領導學院的領導者參與協作領導（collaborative leadership），方法是藉由指定書面作業要求領導者與關係人代表團隊共同製作、編寫及完成。他們之中有許多人抗拒這件事，並實際上自己動手完成，結果讓他們的作業變得更加繁重也減損了效益。很諷刺的是，我們最終還得試圖將這些專制的、死活不肯的抵抗者們拖進美妙的合

作世界，而他們的抵抗只是讓他們的人生更加艱難。

最後，請針對團隊合作及協作的本質和效益進行一次小組研究。

✧ 公平和尊重學生

幾乎所有擁有一份美德或價值核心清單的學校，都會將尊重列為其中一項。也有許多學校列有關於正義或公正的項目。如果這些確實是品格教育的核心價值，那麼理應如此對待他人。那麼該如何才能公平地、尊重地對待學生呢？

我們已經以許多不同的方式討論過這個問題。我們需要意識到成人主義，避免將學生視為能力不如他們的方式對待，也就是說，被一種偏見所驅使，這種偏見告訴我們需要以父性權威、母性保護的方式對待孩子，這種方式不僅不真實、沒必要，而且實際上也是剝奪他們的權力，對他們的發展也適得其反。相反地，我們需要以前述的方式以及更多方式來讓他們發聲。我們還需要建立公正的規範體制，例如我們已在內在動機篇章討論的，並將在最後一項的設計原則「發展式教學法」篇章中再次討論。換句話說，我們需要將管理行為的方式與我們的中心目標（優先考慮）保持一致，而這中心目標是在學生身上教育並培育人類良善的興旺。

剝奪學生力量的成人和學校結構，正與公平和尊重地對

待學生背道而馳，也會毒害整體的學校文化。尊重和公平是證明你真切關心的方式。

學生很容易就能感知到不公正和不尊重，特別是當他們跨越了小學的初級年級（大約三到七歲）。也許學校（以及家庭）中孩子們最時常抱怨的話語是，「這不公平！」如果他們對於不公正有過度察覺的傾向，那麼我們就有必要特別警覺，儘量減少他們有這種反應的機會。賦能予他們，讓他們能成為自己教育歷程的共同創作者是實現這項目標的好方法。畢竟，反對或懷疑他人的想法或決定，遠比反對自己共同創造的想法或決定容易多了。

如今，我們已探索了 PRIMED 的六大設計原則中前五項設計原則的性質、正當理由，以及最佳實踐。請看看以下賦能的反思工作表。當你完成這項工作表（最好透過小組討論的形式），就是時候來學習第六項也是最後一項的設計原則：發展式教學法。

≪ 「賦能」相關參考資料

書籍

1. 《我們期望我們的班級是什麼樣子》（*Ways We Want Our Class to Be.*，中文書名暫譯）Developmental Studies Center (1996). Alameda, CA: Center for the Collaborative Classroom.

2. 《晨會之書》（*the Morning Meeting Book*，中文書名暫譯）
   Kriete, R. (2014). Turners Falls, MA: Center for Responsive
   Schools.

3. 《斐德塔卡帕人期刊》（*Phi Delta Kappan*，中文書名暫譯）
   Parker, W. (2005). Teaching against idiocy., 86(5).

網站

1. Center for Character and Citizenship video gallery—https://
   characterandcitizenship.org/resources-title/video-galleries/cdp-videos

2. Center for Self-Determination Theory—www.
   selfdeterminationtheory.org

⤴ PRIMED 六大設計原則的行動計畫工作表：

賦能策略

　　「**賦能**」：和所有關係人共享權力，特別是學生。打造
架構、時間和流程來讓人們的聲音被聽到，以有意義的方式
影響在學校的生活。增進班級／學校／學區的民主本質。

基於實證的實施策略：

　　共享領導

　　民主教室

　　賦能／合作文化

公平且尊重地對待學生

第一步：

　　請辨識並寫下至少兩個你的學校／學區已實施的賦能策略。你可以採用上述項目或其他任何你所採取並且認為可以增進共享權力及邀請、傾聽他人聲音的程度。

1. _____
2. _____
3. _____
4. _____

第二步：

　　請辨識並寫下至少還有兩項你能採行以增進學校／學區的賦能策略。同樣地，你可以從上述項目進行選擇，也可以列出其他你認為對自己有益的任何方法以增進民主、共享權力，並樂於接受且傾聽他人聲音之目的。

1. _____
2. _____
3. _____
4. _____

© Berkowitz, M.W. (2021). PRIMED f or Charact er Educat ion: Six Design Principl es f or School Improvement. New York, NY: Routledge.

第七篇

Primed 的
六大設計原則之六

長遠發展教學法
（Developmental Pedagogy）

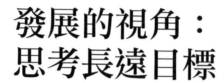

第二十一章

發展的視角：
思考長遠目標

　　在我們開始探索從發展的觀點看整體教育，特別是品格教育之前，記住這件事可能會有所幫助：Primed 六大設計原則往往有重疊之處。最明顯的是，優先考慮不僅是指總體上優先考慮品格教育，也意味著其他五個設計原則中的每一項原則都是優先事項。但是，還有許多重疊的領域。示範和關係是培育內在動機的根本。正如我們將在這個篇章中所看到的，發展式教學法分享了許多內在動機的實施策略，依此類推，既然其他所有設計原則都已經就定位了，我們將在發展式教學法的篇章看到更多的重疊。因此，在我們針對發展式教學法的討論中，如果看到其他設計原則的例子再次出現也不要感到驚訝。

　　當我一開始研究人類發展時，我主要透過建構主義學習理論的視角來學習，該理論的核心確立了發展的各個階段。我的焦點是放在勞倫斯・柯爾伯格所辨識出的六個道德發展

階段（six stages of moral reasoning development）。隨著人生一步一步向前，我們針對道德問題，我們有效的、邏輯的推理能力，會以有規律的方式從一個階段轉換至下一個階段，每一個階段都更加複雜，卻更有能力解決道德問題。我的眼睛總是盯著看別人「處於哪個階段」。這是奠基於心理學家皮亞傑（Jean Piaget）更全面的認知發展理論。但重點在於，我和其他在同一框架下工作的人，都是透過一系列靜態存在的鏡頭，來觀看人類的發展，幾乎像一個笨手笨腳的人爬上生命的階梯。

赫曼・赫塞（Hermann Hesse）的著作《流浪者之歌》（Siddhartha）中有一個美妙的場景，主人公悉達多發現了一條河流，河流讓他瞭解了生命的複雜性、一致性，以及流動性。對他而言，這是真正的啟蒙，為此他奉獻一生並傳授給他人。同樣地，以發展的觀點來看，每一位在我們教育之路和我們偶然相遇的孩子，都會讓你產生靜態的幻覺。一個孩子此刻所處的當下，事實上是連續且充滿希望的漫長人生旅程的一部分。如果我們將這個孩子想像成悉達多的那條河流，當我們是孩子的老師時，我們所遇見的只是他生命經過我們的那一小部分。要真正地瞭解這個孩子，我們需要知道孩子從哪裡來，而孩子又要往哪裡去，要瞭解河流觸及我們之前的情況，以及它的下游流向何處。此外，我們需要瞭解，

我們會無可避免地產生漣漪，會改變水流的方向，無論是好是壞。

心理學家愛利克·艾瑞克森（Erik Erikson）更進一步地延伸這種以長遠角度養育孩子的想法。當他描述成年早期的基本心理挑戰是試圖與伴侶建立成熟的親密關係時，他用一句忠告總結了對理想親密關係（對他來說是終生的、有生產力的）冗長又絕妙的定義：它應該「確保後代獲得健康發展的所有階段」。所論述的是我們將孩子帶到這個世上，我們就有道德義務，教育他們邁向最佳的終身發展，這不僅限於還幼小的時候，而是在他們整個生命中。稍後，我們將探討發展之愛（developmental love）的概念，它與艾瑞克森的處方不謀而合。

發展式教學法是以這種概念作為基礎的一種觀點。它制定了我們如何著眼於長遠教育。試圖理解孩子會變成現在狀態的原因，並試圖設計和實施教育，以服務於孩子的長期發展及學習。當我們仔細看著我們的學生時，應該將他們當前的發展和學習，視為人生旅途中的路標或航線點，而不是目的地。無論在他們的表現中，他們展現了對誠實的深入理解，還是對個人責任的全新承諾，或者展現出新的數學或語法能力，我們都可以為此感到高興，但需要將其視為更長遠、更巨大的發展旅程的一小部分。我們必須為長遠旅程來

品格教育

進行教育，而不僅僅是針對特定的目的地，同時始終對孩子當下的位置保持敏銳關注。

這種教育觀點的例子之一，是關於仰賴行為主義方法來應對年幼孩子或有嚴重行為問題孩子的辯論。對於年齡較小的孩子，經常被引用的論點是，關注行為上的後果就是他們現階段的發展。學齡前兒童和小學生確實傾向藉由具體後果，通常是發生在自己身上的後果，來理解對錯。也就是說，如果有不好的結果，那就是錯誤的，如果有正向的結果，那就是正確的。因此，對獎勵和懲罰的關注，是相符於孩子自己已經自然地理解世界的方式。

然而，這忽視了發展觀點（Developmental Perspective），並實施一種非發展式的教學法。從靜態的角度來看，我們應該以孩子身處的位置來對待他們。從發展觀點來看，在孩子的發展歷程中，我們應該努力支援他們走向下一個「航點」。要讓他們對於他人的感受更加敏感（培養同理心和同情心）以及他們的行為對關係健康的影響，我們可以做些什麼？畢竟，這些是孩子發展歷程中的下一個航點。哈佛大學教育研究所的「讓關懷成為常態」（The Making Caring Common）計畫的主任理察・韋斯布爾德（Richard Weissbourd），敦促我們以「擴大關注範圍」為目標來進行教育，將孩子的視角從「我」擴大至「我們」，再擴展至「所有人」。這樣的作

法是著眼於他們接下來的旅程航向何處，並相應地設計我們的發展式教學法。

我的意思，並不是指明白孩子現在身處的位置沒有幫助。這當然有幫助。然而，這也需要結合對他們前進方向的理解——或者，更確切地說，我們期望他們前進的方向。俄羅斯心理學家列夫・維高斯基（Lev Vygotsky）描述了「近側發展區」（Zone of Proximal Development，ZPD）[1]，這是在個人發展歷程中的一個空間，是下一步首先被發展的地方。這個概念是，當我們要朝向一個新水平的精通或理解時，我們會慢慢地嘗試其中不同的各個層面，並逐步地加以掌握。長期以來，教育工作者一直試圖要創造教育空間，來用於這種近側發展區的運用及精進。這種作法的重點，是著眼於從當前的階段進展至下一個成長的發展歷程。

對於持續變化的另一種思考方式是，生命和發展是極其脆弱的。理想狀況下，變化是發展性的，朝向更好的方向。這是正向積極的成長。但是，這沒有絕對的保證。我們可以看到一個類比，即以聚焦於個人發展的方式來分析組織發展。從多年來指導學校領導者讓學校改進和變革的過程中，我瞭解到卓越是脆弱的。這是詹姆・柯林斯（Jim Collins）關於組織變革的一本書——《從 A 到 A+》（*Good to Great*）的關鍵。看到卓越的成就很難得，但更難得的是看到它持續

下去。可悲的是，很少有學校能實現真正而全面性的（品格和學習）卓越。做得到的那些人往往不會維持很長時間，尤其是當領導階層有所變動之際。

從這一點和發展觀點來看，有一個教訓是避免自滿。如果生命是一段旅程，而我們希望旅程是朝著進步的方向前進，那麼我們就不能自鳴得意，因為自滿是進步的敵人，也是冷漠的基礎。擁抱當下的脆弱，是避免自滿和擁抱發展觀點的方法之一。儘管我們理解卓越不僅難以捉摸而且脆弱，但我們仍然應該把標準設定得高一些。無論是在家庭或是在學校，高期望，加上適當的支持或鷹架（scaffolding），是支持兒童發展和學習已確立研究結果之一。我們已提及的另一個格言，就是自始至終以完美為目標，但永遠不要期望完美。我們要帶著遠大的抱負，但如果我們期望達到完美，就會使自己陷入失敗。

關於發展觀點的另一個告誡，可以追溯到我作為長期樂觀主義者早先的沉思。退休的校長羅德斯（B.R. Rhoads）所說的話已在我心中根深蒂固，「孩子的發展不會是一條直線」。學校也不是。沿河而下的旅程不可能沒有漩渦和洶湧波濤，不會從頭到尾都一帆風順。人生，就如同河流一樣，

1　近側發展區，指介於兒童自己獨自表現所能達到的能力水準，與經由別人給予協助後可能達到的能力水準，此二種水準之間的差距。用於解釋「學習」和「發展」的關係。

往往會有轉彎處，甚至有迂迴曲折。然而，如果我們從長遠角度來看，就能看到學習及發展的整體方向。這是發展觀點的另一個重要面向；也就是說，往往得要看得夠長遠，才能眼見我們的努力對兒童學習和發展的積極影響。這就是為什麼，正如我們在內在動機篇章中所看到的，我們的行為目標應該是為了孩子長期持久的正向變化，而不僅是為了暫時地停止不良行為。這就是為什麼，我們常常不知道我們對兒童人生的深遠影響（無論正面或負面）。這也正是為什麼，當聽見以前的學生提到我們如何豐富並改變他們的人生時，我們珍視那些難得的時刻。

為了結束對發展觀點的反思，我想介紹一個我最喜愛但少有人知的概念：發展之愛（Developmental Love）。四十多年前，我聽哲學家比爾·波卡（Bill Puka）說明這個概念。當時，我覺得這是如此新穎、重要，並且有影響力的概念，以至於我從未忘記它，儘管在那之後我不曾再聽過有人談論這件事，包括比爾。

愛有很多種，有柏拉圖式的友誼、浪漫之愛，家長之愛，及孩子之愛等。發展之愛，是藉由提供他人最佳的發展利益，來愛他們。藉由支援並滋養他們航向成為最好的自己的旅程，來愛他們。這可能不是做他們最想要的事——也不是做能為他們帶來快樂的事，也肯定不是做最簡單或最方便

的事。但它正是可以支援他們的長遠（發展）興旺。如果我們回來檢視 PRIMED 六大設計原則中的「P」，我們可以將發展之愛某程度上視為有助於他們發掘並實現他們的崇高目的。此外，它也是僕人式領導的一種形式。

對於許多教育工作者來說，他們如本書所敬獻的對象艾絲特・艾布拉姆森，教育之愛他們早就行之有年。但是，對於多數的教育工作者來說，這是一種截然不同的存在方式。它是以盡力服務兒童的發展旅程的方式存在。有一天，那個孩子會長成一個成人，你在他身上留下了你的印記。請記住，「character」（品格）這個字的起源就是指在某事物或某人上留下痕跡。你能否完全致力於在孩子身上留下正向和發展的持久印記，並以這種方式來教學，來存在？你能讓他們在人生旅程中走上最佳的道路，並著眼於長遠發展嗎？這就是發展的觀點。

既然我們已經探討了發展觀點的概念，現在是時候考慮它如何為我們的教學實踐提供資訊。這就是我們所說的「發展式教學法」。

第二十二章

發展式教學法：
為長遠發展而教育

讓我們來仔細看看一些品格教育發展中基於實證的實施策略——或者我們所說的發展式教學法。在我們基於實證的審查中，我們確立了以下三組的實施策略：（1）直接教學；（2）聚焦於對發展或成長的期待；（3）提供機會和架構給予實踐新發展的能力，並根據新認可的動機採取行動。

⋖ 品格的直接教學

品格的直接教學有三個面向：（1）教導品格相關概念；（2）教導品格相關能力；（3）將品格教育融入學科課程中。

湯姆・利科納再次強調了榜樣的重要性，他時常指出，示範品格應該要與教導品格有密切關聯，「實踐所宣揚的事，但不要忘記宣揚所實踐的事。」其中一部分是讓品格相關的課程變得明確，因為人們往往不會只從觀察榜樣來獲得預期該有的學習。例如：他們可能會誤解行為者的動機，或

品格教育

者不瞭解示範行為更長遠或影響範圍更廣的結果。我們應該解釋我們的內部運作，例如：我們的動機、假設以及知識。

教導品格，必須超越簡單地解釋自己或他人的行為，包括對所有品格的解釋。乍看之下，這應該是品格教育唾手可得的成果。畢竟，如果教育工作者的專業能力存有一個核心，那將是「教書」。縱觀品格教育的歷史，說教式教學一直處於最顯著的地位，有重要的位置。孩子們需要被教導什麼是對的，什麼是錯的。他們需要瞭解學校願景及品格教育行動裡的品格概念。如果一所學校致力於品格發展的教育，那麼他們很可能有一套核心概念（名詞、價值、美德、品格優勢等）。它們即是學校的優先事項。一項絕佳且根本的行動，就是實施有助於孩子認可，並理解這些概念的教學策略。確保孩子們對它們有深刻的認知也同樣重要。

為了達到這個目的，有許多品格教育課程和計畫可供大家選擇，例如：美德計畫（Virtues Project）。但若無學生從學校畢業時熟知這些詞彙，能夠拼寫且定義它們，無論在寫作或演說都能表現出正確使用的熟練度，甚至能撰寫有說服力的論文和演講，卻無法真正內化或關注它們（內在動機），我們則完全未達到「培育人類善良的興旺」的目標。

品格課程是品格教育的一個重要元素，但還遠遠不足。有太多的學校和教育工作者似乎覺得只要識別這些核心概

念，把它們張貼於學校的牆面上，向上天宣誓，就足以達到品格教育的目標。這樣無法達到目的。因此，我們需要更深入地檢視我們如何教導品格。

做到這一點的重要方法之一，來自於頭、心、手的品格三位一體。品格概念教學主要集中在「頭」。但是，這就忽略了「手」，即品格的行動部分。在本篇章其餘大多數的內容，我將會著重於「手」的教學。不過，在「教導品格」的主題下，我想要專注在關於「手」的教學的一個層面，也就是品格技能的教學。

教導品格技能的最佳實踐、架構和支持的場域是社會情緒學習，又稱 SEL(www.casel.org)。大約三十年來，學術與社會情緒學習協作組織（CASEL）一直在創建、實施和測試各種教案、課程及計畫，來教導孩子們自我概念及自我管理、理解他人和管理關係，並發展負責的決策等社會情緒核心能力，這些都是成為這個世上善良人的能力（「手」）的基礎。來自社會情緒學習（SEL）的資源組合非常龐大，遠遠超出這裡討論的範圍。幸運的是，學術與社會情緒學習協作組織已提供了相關資訊在他們的網站上，以及許多其他後備資源可用來檢視、評估及採用。

但是，你不需要為此採用一項計畫或課程。世界各地的教師們自發地運用適教的時刻來幫助學生發現並練習品格的

「手」，無論是讓自己冷靜下來、集中注意力、對他人微笑、合宜地表達不同意見，或是任何其他的品格技能。在其他時候，這些課程則交由專家來授課，如諮商輔導、社工，或是提供特殊教育的教師。他們往往在這些方面相當擅長。但有鑑於這些是所有人類都需要的社會、情緒及道德的基本能力，我建議由熟悉學生、在學校和他們有最多相處時間的成人來教導這些能力：即他們的班級老師。事實上，這些專家要做的不是直接去教導孩子，而是幫助班級教師學習教導哪些內容及如何教導。預先規畫好的課程，並不是唯一的方法。事實上，當哈爾・伍爾本第一次教導他的學生如何向他人打招呼時，他並沒有事先計畫。他原本假設，在教室門口迎接學生這件事會很簡單且順利。讓他措手不及的是，在打招呼的過程，大多數的學生相當不舒服也起不了作用。如同所有優秀的教育工作者一樣，他將這個問題視為一個教學的機會……也就是說，作為一個適教的時刻。他即興創作了一堂課，內容關於成功打招呼的要素，這成為他往後三十多年每個班級始業時的主要內容。

正如我們在內在動機篇章中所看到，瑪麗蓮・華森的發展式紀律中第三項原則是將不當行為視為教學的機會，而不是將不當行為視為對學生壓迫、懲罰、折磨、留下創傷，或是行使報復的機會。他敦促教育工作者要認知到一件事，他

們是教育工作者而不是獄警。他們應該選擇教導學生他們不知道或還做不到的事情，以此來內化他們的品格，這是一種發展式教學法，因為它正好支持他們長期的品格成長。

我們已經檢視了一般來說如何教導品格，以及如何教導品格能力。品格直接教學的最後部分，是關於如何在學科課程中具體教導品格。這實際上要比品格直接教學更進一步，因為學科課程不僅可用於直接教學，也可藉由學科相關的教學法來間接地培養品格。我們在此說明這兩種形式。

針對在學科中融入品格教育，以及我所謂的「插入」（wedging），我對兩者加以區隔。前者是關於利用學科課程來增加或突顯品格教育的各個層面。例如：在我們的文學課程中，我們可能會著重於閱讀內容中無所不在的品格主題。要不然，我們可能會強調研究環境科學所發現的道德困境，或是強調閱讀歷史時主角的動機和行為。

另一方面，「插入」只是將品格課程安插於授課日的某些時間點。兩者都是教導品格的有效方法，但在此我們關注的是如何將品格融入學科課程之中。要如此做，重要的是把我們的想法編成兩組：（1）課程內容；（2）我們選擇用來教導該項內容的學術方法。

考慮學科課程內容時，若能認清以下事實會有所幫助。

- 幾乎所有的學科課程都充滿了品格內容和機會，可用來強調關於人物或與人物相關的議題。每一部我們曾閱讀的文學作品幾乎都涵蓋了品格的議題，往往是關於文學人物的動機和行為。同樣地，歷史也提供了無窮無盡的事件、歷史人物、選擇及困境，這些為品格的反思提供了絕佳機會。在此，自然科學中的科學方法及環境研究也能完美地派上用場。在人文藝術中，人們很容易就能檢視藝術家或特定藝術作品中的價值觀、訊息，以及動機。請將這些學科課程想像成一座礦井，其中充滿了品格的礦脈和金塊。教育者只需要戴上礦工帽，讓光束照向礦山中的金塊及寶石。當你面臨選擇時，例如：寫作題目、閱讀理解問題、或是小組討論主題等，你只需要專注於品格的瑰寶。

- 學生喜歡談論關於品格的事。對學生來說，討論什麼是對或錯，以及人們在面臨有挑戰性的情況下是超越自我還是失足犯錯，自然而然是很有吸引力的話題。有部分的原因是因為這與他們息息相關，而「相關性」是關於教育中新的三個「R」之一：嚴謹性（Rigor）、相關性（Relevance），及關係（Relationships）。

- 如果我們專注於學科課程中的品格，我們就不需要在課表中「插入」品格課程。關於更刻意、更全面性地進行品格教育這件事，我們經常面對教育工作者的抗拒，他們爭辯

地說，「學校工作多繁雜，沒空再多做其他事了。」品格教育者的回覆會是：「品格教育不是多一件其他事，它就是學校工作本身。」在你的學科課程之中挖掘品格的內容就是一個很好的例子。如果你在學科課程內容中強調了品格，則無需再增加品格的課程。

● 然而，如果確實想要採用一套新課程，也有學術上優秀的課程可取得，通常是文學，它既可以促進學業成就，也著重於品格。協作教室中心的「創造意義計畫」（Making Meaning）[2] 就是一個很好的例子。

雖然教學內容是一位教師在課程中最顯著的一環，但教學方法對品格教育也很重要。我們已經知道這一點，因為研究顯示，一些並非專門為品格教育設計的教學方法，已顯示對品格造成的深遠影響。有許多教育方法對於促進品格發展會產生有益的影響。

合作學習（cooperative learning）就是一個很好的例子。在明尼蘇達大學合作學習研究所，大衛‧強森（David Johnson）和羅傑‧強森（Roger Johnson）兄弟花了數十年時間研究合作學習，他們發現合作學習不僅可以提高學術上

2　提供一整個學年的全班閱讀理解、字彙教學計畫，引導三至六年級學生閱讀各種類型的文學文本，加強平時的閱讀習慣、社交技能的綜合發展，並以定期讀書會的形態進行。

的成就，還可以培育人類良善的興旺。在本質上，合作學習是一種體驗式學習的形式，因此具有預備（preparation）、活動（activity）和反思（reflection）等基本體驗式學習架構。

　　為了相關類似的合作學習活動，協作課堂中心在其出版的《協作課堂的設計藍圖》（*Blueprints for a Collaborative Classroom*，中文書名暫譯）一書中提供了一些架構和一些通用的方法來推動這項重要的教學策略，以促進更好的品格發展。他們所做的，不過是在合作學習的預備及反思階段增加了幾分鐘的時間。在準備階段，不僅僅簡單地陳述和討論學習目標，也陳述和討論「社會目標」，例如：聆聽、分享或輪流，這些是課程中需要完成的具體合作活動目標。學生們被要求思考可能會出錯的地方，以及他們如何避免或修復在課程的社會結構中這種磕磕絆絆。接著，當學習活動結束並開始進行活動後反思時，他們不僅要反思學術學習，還要反思他們的社會目標以及如何應對社會挑戰，例如：公平分享資源或尊重地傾聽他人。如此一來，社會發展得以重點地培養，品格也得到更深入的發展。

　　我建議你針對現有的課程進行盤點。這是讓所有學科領域人員投入並感受到擁有感（ownership）的好方法。這可以在學科領域部門團隊、各年級團隊或其他社群進行，甚至針對所有的教職員。試著辨識每一個討論的機會或者在你現有

的課程中關注品格。標註它，然後，你可以翻開你的課程計畫並加以更新，或是有必要的話，編寫新的計畫，以好好利用你課程礦井中已存在的品格瑰寶。

我也同時建議，更改你用於編寫教案計畫的範本。你可以考慮在教案計畫最上面補充兩個欄位：（1）品格內容（character Content）；（2）品格方法（character Methods）。接著——只在恰當合適的時候，因為我的意思不是指所有課程都需要涵蓋品格——只要註解該課程中涵蓋了哪些品格內容，以及採用了哪些品格方法來進行教學。

另一個突顯品格的好方法，是藉由學校圖書館。圖書館員或媒體專家往往喜歡以這種方式來運用他們的專業知識。有一些學校根據書中的品格內容來為書籍及其他館藏進行分類。例如：如果你的學校有五項核心價值，那麼圖書館員可以依據每本書所涵蓋的核心價值以顏色來為書進行編目。這有助於教師們指派書籍，並幫助學生為自己的作業來挑選書籍——甚至是為他們個人的品格之旅——這部分我們將在下一個篇章中詳細介紹。

⌘ 預期成長的三種方法

在本節中，我們將討論藉由預期成長來培養品格發展的三種方法：（1）設定高度期望或專注於卓越表現；（2）品

格作為一項自我成長的計畫（self-project）；（3）心理對照與實施意圖，或者更簡單地說，即「WOOP」（指的是願望（wish）、結果（outcome）、障礙（obstacles），及計畫（plan）請參照本書 P.354-355 之正向思考法。）

（1）**高度期望**。同時被家長或教育工作者廣泛地證實了促進發展的策略之一是高度期望。研究顯示，對孩子抱著高度期望，會產生強大的積極影響。在考慮設定較高的期望值時，你需要記住四件事。第一，期望雖然設定得高，但必須有達成的可能。我們不應該將標準設定得太高，以至於孩子不太可能達成期望。我們經常看到的情況是，家長將孩子與其年長的兄弟姐妹進行比較。如果是將一個孩子和比他大三歲的姐姐在他這個年齡時進行比較，而他又是一個能力出眾的孩子，那麼這就是合理的比較，而不是以成熟度相差三年的兄弟姐妹進行比較。

第二，為了支撐高度期望，我們必須提供必要的支持，以便孩子能夠獲得滿足期望所需的東西。這不應該是「成敗全靠自己」（sink or swim）的策略。相反，這就是我們時常會說的「鷹架」（scaffolded）策略。要做到這一點，我們可以藉由指引有助於提供解決方案的資源給孩子；例如：你是否已查詢所有名詞的定義了？或者，我們可以提供網站入口或其他資訊來源。鷹架並不意味著幫孩子做這項工作；相反

地，這意味著打造框架脈絡，並提供他們有機會完成任務所需要的資源。

第三，我們一旦設定並搭建了高度期望，我們需要意識到，如果你不同時對於進展、努力和表現進行監督，那麼設定這種期望就往往無效。換句話說，你不應該告訴你的孩子或你的學生，你希望在他們在下一份成績單上每項都拿到最高的成績／分數，卻不檢查他們拿到什麼成績。這種監督有一個層面常被低估，那就是觀察他們的努力比監督成就更加重要。很多時候，學校在這一點做得很糟糕，我們只會用最終產物，例如學校的成績／分數，來當作成功和獎勵甚至懲罰的衡量標準。研究告訴我們，監督努力甚至針對他們的努力來進行獎勵，會有更好的成效。

最後，這是針對「示範」篇章的附和，示範你希望在學生身上看見的卓越。你漫不經心時卻要求他們好好專心、你上課遲到卻要求他們準時、過了承諾要交還學生報告的日期後許久你才交還，卻因為他們遲交作業而加以懲罰，這些都會削弱設定高期望的力量。在哈爾·伍爾本的教室裡掛有一個牌子，上面寫著：「何不盡力做到最好呢？」（Why not your best?）他告訴他的學生們，作為一名老師，他在課堂上總是盡心盡力為他們提供最好的一切，那他們為什麼不也試試盡力做到他們最好的狀態呢？

這適用於品格以及學科作業、運動或藝術成就上的努力，雖然在此我們關注的是前者，但值得注意的是，尋求高度期望，並透過各種努力盡可能達到期望，都是在建立品格。事實上，這正是本書一開始時所描述的成就品格。

　　關於高度期望的最後一句話，是要回顧先前關於教導品格能力的討論。其中一項能力是目標設定的技能。我需要那樣的技能，你也需要，每個人都需要。教你的學生如何設立目標，例如：「SMART 目標」，然後要求他們將目標設定得更高。「SMART 目標」是指具體的（specific）、可衡量的（measurable）、可實現的（achievable）、相關的（relevant，或是「以結果為導向的」〔results-oriented〕），和及時的（timely）。這也為他們提供了一個監督自己進度的架構，這是下一個要談論的主題。

　　（2）自我成長的計畫。 在設定高期望之後，設定成長期望的第二個策略是讓品格發展成為一項自我成長的計畫。藉由這項計畫，我的意思就是要讓學生成為他們自己品格旅程的船長。已經有人進行了一些嘗試來支持這種方法。在美國，「生命法則論文計畫」（the Laws of Life Essay program），是約翰・鄧普頓基金會最早實行的行動之一，他們要求第一批進行計畫的高中生及後來更年輕的學生選擇一項美德，作為他們品格旅程的指南針，並寫一篇有說服力

的相關論文。生命法則論文計畫後來讓許多曾獲得約翰‧鄧普頓基金會援助的人們，也採用這種方法來推展一些變項的作法。美國紐澤西州立羅格斯大學的莫里斯‧埃利亞斯（Maurice Elias）是社會情緒學習領域的領先權威，他針對中學學生開發了一個更全面性的版本。

在英國，大衛‧洛里默（David Lorimer）將此概念擴展為激勵靈感計畫（the Inspire/Aspire program），該計畫以十至十六歲的學生為主，為他們選擇的美德及相關計畫，製作拼貼海報，包括自我反省、一篇關於體現該項美德榜樣的論文。英格蘭伯明罕大學的英國品格與德行銀禧中心創建了一系列範圍廣泛的資源，稱為「我的品格」（My Character），供學生用於目標設定，並核查自己在品格發展方面的進展（www.jubileecentre.ac.uk/1631/character-education）。

為了讓學生的品格成為他們自己的計畫，在此我建議幾項考量因素：

● 確認一組核心美德／價值／品格優勢來做為目標。通常，你會採用學校或學區內所立下的那一套核心。但是，可以考量讓學生提名其他項目。

● 挑戰學生，要他們考量所有核心美德，並從中選擇他們目前最想改進的一項。

- 為他們創建架構，讓他們用來定義、研究、實踐及評估他們選擇的概念，例如來自蘇格蘭品格教育（Character Scotland）的大衛・洛里默及英國品格與德行銀禧中心所提供的上述資源。至少，你可以簡單讓他們寫一篇相關的論文，就如同生命法則論文計畫的作法一樣。然而，理想情況下，讓它成為一個為期一年跨學科的計畫，你可以在課程中和課程之間找到空間，讓他們更深投入這個過程。讓他們在文學和歷史等課程中尋找他們選擇的美德，以它作為寫作題材。在整個教育過程中，請他們以日誌來記錄該美德呈現的時刻等等。提供架構和機會，讓他們記錄自己的成功和失誤，並且可以定期地評估自己的進展。

- 讓學生創建屬於他們旅程的一份綜合紀錄，可以只是一個資料夾或一本筆記本，或許也可以使用激勵靈感計畫中的海報範本，可以於 Pinterest 上取得。或者，它也可以是一份多媒體作品集。

- 考慮為他們指派「問責合作夥伴」，讓學生兩兩配對以系統化方式讓彼此維持在正軌上。不需要讓他們追求同一項美德。此處的重點是關於過程，而不是內容。

- 要求他們在學年結束前公開演講，以各自的旅程為主題。

- 理想上，讓這個架構拓展到全校的範圍，以便所有教師及學生都參與其中。接著，讓每位學生每學年都可以開展一

個新的旅程或計畫。此外，他們可以打造一份作品集，關於在學校各學年中積累的品格旅程。

另一種賦能學生掌握自己品格旅程的方法，是學生主導之親師會議。至少在美國，常見的作法是在指定日期時與家長會面，共同討論學生在學校的進度。有一些學校的靈巧作法，是要求學生不僅要出席，而且本質上要計畫並召開會議，包括向家長們報告、說明並證明他們的學業上的成功或不足。在這些會議中涵蓋品格旅程的進展是進一步培養品格發展的好方法，同時也賦能學生能夠在這個旅程中帶頭。

（3）關於設定品格期望的第三項也是最後一項建議，有一個相當具有挑戰性的名稱，即所謂的「**心理對照與實施意圖**」（mental contrasting with implementation intention）。然而，這個具有挑戰性的名稱值得你努力克服，因為它是一個強而有力且相對簡單的策略。幸運的是，它有一個好記的化名……就是 WOOP（www.woopmylife.org）。「WOOP」這個字詞所指的是願望（wish）、結果（outcome）、障礙（obstacles），及計畫（plan）。光是想像一個預期的結果（例如：成為一個更棒的朋友、減肥等）是行不通的，實際上往往只會消耗你邁向成果的精力，還會導致更糟糕的結果。相

反地，WOOP 描述了一些基本要素，這些要素已被證明可以大大提高成功實現這些結果的可能性。這些主要的元素是在腦海中想像結果，設想有可能阻礙你進步的種種障礙，然後制定如何進行的具體的計畫，特別是如何克服這些設想的障礙。

回想一下，品格中的「手」，以及我們先前教導品格能力的相關討論，我們有必要向學生傳授 WOOP 的具體技能，如此一來，他們不僅可以為自己設立高度的期望，而且有很大的機會達到或更加接近這些期望。

⤬ 練習品格

發展性的改變，即正向改變很重要的一個部分就是實踐，這一點不應該讓人感到意外。這就像是，一個人沒有練習，就不會在一項運動或其他技能上進步或發展，所以如果不練習，我們也不太可能改善自己的品格。品格教育組織所提倡的「學校的十一項原則框架」中的第五項原則，是「為學生提供道德行為的機會」。在發展式教學法篇章中的策略、本書的設計原則以及「學校的十一項原則框架」之間存有強烈的協同作用。因此，第五項原則涵蓋了設定期望也不足為奇，「學校為學生的道德行動制定了明確的期望」。

練習品格其中一部分就是提供許多為他人服務的機會，如品格教育組織所提及「校內和校外服務」。這可以是社區服務、服務學習、同儕輔導，以及許多其他服務他人需求和更大利益的方式。

　　就發展性而言，有很多理論和模式需要實踐。皮亞傑將「練習／遊戲」描繪為人類的的一種自然傾向，即在新能力剛出現時，藉由玩耍來練習並掌握新的能力，就如同一個喜愛玩「躲貓貓」（peek a boo）的嬰兒，當他發現人們即便在他們看不見時仍然存在。如前所述，列夫・維高斯基介紹了「近側發展區」，孩子們透過次級技能的遊戲就能掌握更複雜的能力。很自然地，人類自發性地玩耍並練習來精進技能。然而，教育者明智的作法是策略地、有意識地，並結構性地對這種自然傾向加以運用。

　　這方面最好的例子，就我所知，就是羅恩・柏格的卓越教學法，他最終在他擔任領導者的遠征式特許學校（現為 ELEducation.org）中將其加以制度化。當他仍是一位麻州鄉間的小學教師時，羅恩憑著直覺創造了一種教學法來灌輸「卓越的倫理準則」（*An Ethic of Excellence*，也是他記錄這一趟旅程的著作書名）。他的準則不僅簡單又高明，既容易又具有革命性。關於羅恩・柏格及 EL 教育中心（EL Education）在這個領域工作成果的討論，也能被包含在前面

關於期望的部分，這是發展式教學法中特定元素相互重疊的另一個例子。

羅恩不僅是一名教育家，也是一位木匠。他意識到，要成為一名熟練的木匠，就必須具有工匠技藝的精神；也就是說，一個人必須內化（內在動機）一種追求卓越的倫理準則，這是成就品格的核心。接著，他想知道，是否能向小學生在學業方面，培養同樣的倫理準則。因此，他著手創建一種教學法來實現該項目標。

要詳細介紹他所琢磨、設計並加以實施的所有內容，就遠遠超出了本書範圍，但我會提供幾點關鍵要素。第一點，是高度期望。他的目標是讓每個學生都能有卓越成就。他讓所有學生參與其中，包括有嚴重學習障礙或其他在教育、心理遭遇挑戰的學生。他的方法之一是收集並向學生們展示卓越的實例。在他們開始專案計畫之前，他會向學生展示所謂卓越的成果可能會是什麼樣子，或許透過通常是以前學生的一幅畫作、一段影片，或是一份科學實驗報告。因此，學生們一開始就清楚而具體地瞭解到優秀成果的樣貌。

第二點，他非常依賴專案學習（project-based learning）。學生們會花幾個星期或幾個月的時間進行他指定或自己建議的一些專案。有時候是個人作業，但通常是小組作業。他們

逐漸地深入參與並全心致力投入這些專案計畫。

第三，他要求學生針對專案作業進行多次的修改。學生們會先嘗試初擬的草稿，然後根據建設性的批評反饋來進行修改。並且一次又一次地修改。最終，他們將會達到卓越的表現。當然，一般情況下，多數的教育工作者無法定期這麼做，但這是一個很好的示範作法，你可以根據你的實際情況來進行改動調整。也許你一年只能進行一、兩個專案，或者針對一項專案作業只進行一次修訂。

第四，為了讓反饋有助於修改，他教導學生們如何表達有建設性之批判反饋的品格能力，其中具有三項特點：（1）溫和寬容；（2）具體；（3）提供助益。在此，又出現了與先前討論教導品格能力的重疊之處。關於這方面，一個很適切的描繪就是羅恩重現這樣一個課程的短片：奧斯丁的蝴蝶（*Austin's Butterfly*，參見本篇章末尾的相關參考資料）。

第五，他相當重視已完成作品的公開發表。學生們會定期地對彼此發表自己的作品，有時也會向其他人發表，甚至對社區中的專家們發表。當學生們設計地下住宅時，羅恩還要求當地建築師向這些十一、十二歲的學生提供有建設性的反饋。此外，年級最高的學生必須向社區小組提交小學階段所有年級最佳作品的合集才能畢業。當我們知道其他人會看到自己的成品時，我們就自然會將標準設得更高。

這些簡單而聰明的教學策略累積起來，讓學生們能夠藉由為這些期望所搭建的教學鷹架來實現高度期望，這正是一個發展式教學法的模型。

我們現在已經看到了，對於形塑品格採取長期的發展觀點，如何將我們引向使用發展式教學法的策略。如果想有效地、策略性地引導每一位學生品格發展的旅程，讓他們綻放出最好的自己，雖然這些策略形式多樣各異，但卻相當必要。

現在，是時候檢視並利用第六份也是最後一份反思作業單，針對你的教育框架於採取發展觀點方面的情況，進行更深入地檢視。接著，我們將開始說明結語以結束我們 Primed 六大設計原則的這趟旅程。

⌥ 「發展式教學」相關參考資料

書籍

1. 《卓越的倫理準則：在學校建立工匠文化》（*An Ethic of Excellence: Building a Culture of Craftsmanship in Schools.*，中文書名暫譯）Berger, R. (2003). New Hampshire: Heineman.

2. 《從 A 到 A+》（*Good to Great: Why Some Companies Make the Leap and Others Don't.*）Collins, J. (2001). New York: Harper-Collins.

網站

1. Austin's Butterfly (from ELEducation.org)—https://modelsofexcellence.eleducation.org/resources/austins-butterfly

2. Collaborative for Academic, Social and Emotional Learning (CASEL)—www.casel.org

3. Cooperative Learning Institute—www.co-operation.org/

4. Inspiring Purpose—http://inspiringpurpose.org.uk/

5. Jubilee Center for Character and Virtue "My Character" —Projectwww.jubileecentre.ac.uk/1631/character-education

6. Making Caring Common—https://mcc.gse.harvard.edu/

7. Mental contrasting with implementation intention (WOOP) —www.woopmylife.org

8. Making Meaning—www.collaborativeclassroom.org/programs/making-meaning/

9. S.M.A.R.T. Goals—www.smartsheet.com/blog/essential-guide-writing-smart-goals

10. The Virtues Project—www.virtuesproject.com

◁ Primed六大設計原則的行動計畫工作表：

發展式教學法策略

「發展式教學法」：明確地關注學生品格的長期發展，而不是短期的行為管理或改變。促進發展的策略性實務。

基於實證的實施策略：

教導品格：教導品格概念

教導社會情緒（SEL）能力

融入課程

預期成長：高度期待／專注於卓越

心理對照與實施意圖

練習：角色扮演／練習

第一步：

請辨識並寫下至少兩個你的學校／學區已實施的發展式教學策略。你可以採用上述項目或其他任何你所採取並且認為可以支持學生品格長期發展的方法。

1.＿＿＿＿＿＿＿＿＿＿＿＿＿＿＿＿＿＿＿＿＿＿＿＿

2.＿＿＿＿＿＿＿＿＿＿＿＿＿＿＿＿＿＿＿＿＿＿＿＿

3.＿＿＿＿＿＿＿＿＿＿＿＿＿＿＿＿＿＿＿＿＿＿＿＿

4.＿＿＿＿＿＿＿＿＿＿＿＿＿＿＿＿＿＿＿＿＿＿＿＿

第二步：

　　請辨識並寫下至少還有兩項你能採行以培養你的學生品格發展的策略。同樣地，你可以從上述項目進行選擇，或列出其他任何你認為有助於你實施並培育學生品格長期發展的方法。

1.
2.
3.
4.

　　　　　　　　　　　　　　　　　　　　　　品格教育

第八篇

最終的小叮嚀

第二十三章

品格教育的
PRIMED 原則

　　如果你已閱讀本書上述的章節了，現在應該有能力設計且實施一項以實證為基礎、有效並全面性的計畫，以培養人類良善的興旺──可能在學術上取得成功，並在成就品格、公民品格，及智性品格皆是如此。以下是我希望你已經從閱讀此書得到的收穫。

　　首先，從本書的開頭部分，你對於什麼是品格、品格如何發展，以及學校如何在這種發展中可成為關鍵的參與者，應該已經有了新的、深刻及廣泛的理解。同時，對於品格發展教育的必要性和不可逃避的必然性，也應該已有了更深入的瞭解。

　　第二，整體上而言，你也應該知道什麼是 PRIMED 原則了；這是一系列相互交疊的六項「設計原則」，用於指引如何構建全面性的、根基於實證並且有效的品格教育行動。從關於 PRIMED 六大設計原則各自的章節中，你應該已深入瞭

解每一項原則的本質、重要性以及挑戰。

第三，你應該已經發現每一項設計原則的具體實施策略。雖然，教導如何實施這些策略遠遠超出了本書範圍，但我希望你已獲得足夠的領會理解，足以選擇想考量採用的策略。第四，書中提供了許多連結、參考資料以及其他資源，都有助於進一步瞭解吸引你的相關內容。

第五，在每一項設計原則篇章的末尾都附有一個工作表，你可以利用這些工作表來確定自己已經在做的事情是否與各項設計原則相符。更重要的是，它可以指引你考量將哪些原則增添至目前的實施策略組合中，又或者哪些是你需要修改或深化的。

第六，這整本書向你描述了一系列的格言或真言，我發現它們特別有用，引導自己走向可作楷模的品格教育、成功的學校教育以及，嗯，人生本身。緊緊把握那些對你管用的格言，當面對培育人類良善時，若碰到不可避免的挑戰，用它們來辨識自己的方向。甚至，在這個複雜且充滿挑戰的旅程中，當不可避免地出現失誤時，請利用它們來為自己重新定向。

透過這本書，你已經「認識」許多學校和教育工作者，特別是教育界的領導者們，他們對此框架產生了共鳴，認為這是實現他們培養學生最佳發展及學習之崇高目標的途徑。

品格教育的 PRIMED 原則，是一個用於創建班級及學校的框架，讓它們成為教育工作者和學生心生嚮往的所在。在這裡，他們得以滿足自我決定論中三個核心需求：（1）連結和歸屬感；（2）一種賦能感和自主感，在此他們的聲音不僅重要而且備受重視，以及（3）一種勝任感，指他們有能力做出有價值的貢獻。

我時常感到驚訝不已的是教育工作者所困惑的事：到底學校如何透過遵循品格教育的最佳實施策略、如何認真地專注於基於實證的社會情緒學習，或如何策略性地回應自我決定論中的三個需求，藉由創造支持自主性的教育環境，而最終帶來學業成就。當人們、學生和成年人真正想要待在一個地方，是因為它不僅包容、賦能、並且有共鳴，在此你感覺到自己很安全、自己很重要，人們關心你並為你示範他們希望所有人成為的樣子，那麼，你就會更進一步地參與、更加努力不懈，並學習到更多的東西。品格教育的 PRIMED 原則所追求的正是這樣的教育世界。

作為這本書的終結，我將提供各位一些建議，關於如何繼續利用從這些書頁中搜集到的內容。由於它是一系列全面改善學校的設計原則，所以這本書和它所作為基礎的 PRIMED 原則框架，旨在直接應用於設計在教學實務中的變化。它旨在幫助調整作為教育工作者的「存在方式」。

有趣的是，有些人發現，同樣這一套設計原則也適用於其他的面向。有一些企業及組織發現它在重新思考、改進其組織結構和實踐方面很有效益。有一些個人發現它作為日常生活的基礎也很有幫助，甚至可以利用它來進行個人成長的日常冥想。然而，我將讓你們自己去發掘如何最佳利用這套原則——以及一系列的格言——應用至生活的其他領域之中。在這裡，我們將從改進學校的觀點來談。

第一，我希望你已經在使用這六項 PRIMED 原則的工作表。在世界各地、各種專業發展的情境中，我們都相當成功地以不同的語言加以利用。如果你還沒有加以使用，在你讀完這本書之後，請考慮再回頭使用它們。

第二，我強烈地建議，一邊學習 PRIMED 原則，也要一邊使用工作表。我相當支持大家在學校進行協作式領導、社群學習和活動。如果還沒有這麼做的話，邀請學校中的其他人也閱讀本書。你可以藉由多種的方式來做到這一點：

● 讀完這本書，就傳閱下去。
● 請與幾位同事組成一個讀書會，也許是負責學校品格教育計畫的那些人。如果你還沒有這樣的團隊，那就來組織一個。我建議這個組織可以真正代表學校的所有關係人，而不僅僅是教師們和行政人員。邀請一些家長、一些支援人

員、一些既不是家長也不是教職員的社區成員，或許還可以請一些學生加入。

- 為全體的教職員購買書籍，並將其用於專業發展，甚至用於正式官方的學校改進計畫。

- 影印那些用於反思的工作表，並邀請同事也使用看看，最好的理想狀態是以協作的方式使用。

- 非常慎重地為具體的實施意圖來制定策略計畫，使其具體而明確，寫下來，並公開地分享。或許可以使用我們在前一章所討論的 WOOP 模型。

- 整體而言，當你創立或修改實施策略、架構及政策時，請詢問自己以下六個設計上的問題：

（1）我們如何優先考慮品格發展？

（2）我們如何著眼於培養健康的人際關係，加以設計並實現這一點？

（3）我們如何才能讓學生內化這些概念，具體實現我們正在教育他們的品格？

（4）我們是否示範了該項政策或實務中所提倡的內容？我們如何能更完善地做到這一點？

（5）如何藉由廣泛地共享擁有感及創作身分（authorship）來實現這一點？

（6）我們要如何做才能以某種方式帶領學生踏上人生
的漫漫長路？

　　無論你選擇做什麼，請記住要密切地關注著目標。如果
你的崇高目標真的是學生們的品格發展，那麼就必須真切地
讓有效的品格教育成為優先事項。這不僅關係到孩子，也關
係到這個世界的未來。這關乎於個人發展，也關乎 Tikkun
Olam（修復世界）。這點至關重要、是無法避免的，而且
是一門複雜的科學。

　　但是，千萬別因此怯步氣餒。這不僅做得到，而且也已
經能成功做到，甚至像本書中許多案例所描述的一樣頻繁達
成且表現出色。你做得到，而且你也應該做到。我熱切地希
望 PRIMED 的六大設計原則及這本書，能協助你走上這條崇
高之路，針對被託付予我們學校的孩子們，藉由培養他們人
類良善的興旺來治癒這個世界。

「品格」決定孩子未來：品格教育 PRIMED 六大設計原則

作　者——馬文‧W‧伯克維茲（Marvin W, Berkowitz）
譯　者——陳柚均
審　訂——宏達文教基金會
主　編——王衣卉
企劃主任——王綾翊
全書設計——倪旻鋒
內頁排版——唯翔工作室

第五編輯部總監——梁芳春
董 事 長——趙政岷
出 版 者——時報文化出版企業股份有限公司
　　　　　108019台北市和平西路三段二四〇號
　　　　　發行專線—（○二）二三〇六六八四二
　　　　　讀者服務專線—○八〇〇二三一七〇五
　　　　　　　　　　　（○二）二三〇四七一〇三
　　　　　讀者服務傳真—（○二）二三〇四六八五八
　　　　　郵撥—一九三四四七二四時報文化出版公司
　　　　　信箱—一〇八九九臺北華江橋郵局第九九信箱
　　　　　時報悅讀網——http://www.readingtimes.com.tw
　　　　　電子郵件信箱——yoho@readingtimes.com.tw
法律顧問——理律法律事務所　陳長文律師、李念祖律師
印　刷——勁達印刷有限公司
初版一刷——二〇二二年七月二十九日
定　價——新台幣四五〇元

「品格」決定孩子未來：品格教育 PRIMED 六大設計原則／馬文‧W‧伯克維茲（Marvin W Berkowitz）作；陳柚均譯. -- 初版. -- 臺北市：時報文化出版企業股份有限公司，2022.08
376 面；14.8×21 公分
譯自：PRIMED for character education: six design principles for school improvement
ISBN　978-626-335-724-2（平裝）
1.CST：德育　2.CST：品格
528.5　　　　　　　　　　　　　　111011081